禅人书目

何立新◎主编

中国城市出版社

图书在版编目（CIP）数据

梓人书目 / 何立新主编. —北京：中国城市出版
社，2022.8
ISBN 978-7-5074-3496-5

Ⅰ.①梓… Ⅱ.①何… Ⅲ.①建筑业—推荐书目—世
界 Ⅳ.①Z835

中国版本图书馆CIP数据核字（2022）第132909号

一个技术性的人才，如果没有专业之外的拓展阅读，很难说他具有多高的文化修养与品位。有定评的经典性作品，经过时间的筛选，一定有着深邃的思想、丰富的内容、高尚的品格，是人类迄今为止所能达到的峰巅，一个人能够获得多大的能量，取得多高的成就，很大程度取决于这种循环往复的阅读。

本书针对刚接触建筑专业的莘莘学子，选取了专业类和拓展类图书近400本进行推荐介绍，适于建筑学、城市规划、城市设计、风景园林等相关专业学生参考。

封面题字：胡雪松
责任编辑：杨 晓 唐 旭
书籍设计：锋尚设计
责任校对：赵 菲

梓人书目

何立新　主编

*

中国城市出版社出版、发行（北京海淀三里河路9号）

各地新华书店、建筑书店经销

北京锋尚制版有限公司制版

北京中科印刷有限公司印刷

*

开本：889毫米×1194毫米　1/16　印张：11　字数：190千字
2022年7月第一版　　2022年7月第一次印刷

定价：**48.00**元

ISBN 978-7-5074-3496-5

（904499）

前言

英国17世纪哲学家培根说："读书足以怡情，足以长才。读史使人明智，读诗使人灵秀，数学使人周密，科学使人深刻，伦理学使人庄重，逻辑修辞之学使人善辩；凡有所学，皆成性格。"确如其实，阅读可以使人获得知识，获得精神享受和心灵的净化；阅读能够改造人，不同的阅读喜好能够展现人们不同的个性特征。

在当今科技高度发达的社会中，个体获得知识的方式很多，但谁也不能否认阅读是一种最主要的途径。虽然现在的阅读资讯十分便捷而且信息海量，工作生活节奏加快，阅读方式也相应变得多元化。"碎片式""一图流""快餐化"相信大家都不陌生，这些方式顺应了我们的生活节奏，丰富了我们的感官享受，部分缓解了时间精力不足带给学习求知的压力。但我们认为，这样的阅读尚且停留在浅层，要进入深度阅读状态，达到一定的思考和创新层次，还是纸质文本最佳。

阅读是一种习惯，一种愉悦，一种享受，一种境界。明代诗人于谦在《观书》一诗中写道："书卷多情似故人，晨昏忧乐每相亲。眼前直下三千字，胸次全无一点尘。活水源流随处满，东风花柳逐时新。金鞍玉勒寻芳客，未信我庐别有春。"经常阅读，自有一股缭绕身心的别致"书香"，就像不会枯竭的丰盛水源、鼎盛不败的鲜花绿柳。因此，阅读不能有太多的功利，它是心灵的一种需要，是充实生活、引导灵魂前行的一种方式。北宋著名诗人、书法家黄庭坚说："士大夫三日不读书，则义理不交于胸中，对镜觉面目可憎，向人亦言语无味。"

由此可见，我们常说的阅读，主要是指人文方面的内容。个人的气质、品位，便取决于这种阅读。一个技术性的人才，如果没有专业之外的文人阅读，很难说他具有多高的文化修养与品位。

阅读是一种循序渐进的过程，特别讲究刨根究底。比如文中的注释、书后的参考资料等，都值得我们足够重视，可"按图索骥"进行扩展阅读；再如自己关注、喜爱的作家、作者，他们在知识结构、内在气质、个性特征等方面或与我们有着一定的相通之处，可就此拓展、延伸开来，阅读他们的主要乃至全部作品……这种刨根究底，就如农民收获花生和红薯，循着地底的根须，一挖一刨，一拉一扯，就是一大串，会有一种溢于言表的丰收与喜悦。

阅读也是一种循环往复的过程。这种循环往复，就是人们常说的精读。有定评的经典性作品，经过时间的筛选，一定有着深邃的思想，丰富的内容，高尚的品格，是人类迄今为止所能达到的峰巅，一个人能够获得多大的能量，取得多高的成就，很大程度取决于这种循环往复的阅读。

阅读是一辈子的事情，是一种长期的，没有终点与止境的"自我教育"。所谓"活到老，学到老"，具体而言，主要指的就是阅读。它是生命的一种"马拉松"，是锲而不舍的长期追求，是由量变到质变的不断飞跃与提升……说到底，阅读就是人生的一种修炼，与成长成功相伴。

作为建筑与城市规划学院的大学生都是怀揣着梦想和理想的年轻人，正是对大家充满希望，学院在党委的倡议下，经过多位教师和学生的努力为我们大家编排了这本《梓人书目》，这本目录选取了专业类和拓展类图书近400本。希望大家不断加深和拓展我们的阅读，以便更好地坚守理想，追逐梦想，最后才能成就思想，实现自己的人生价值，那些智慧与觉察会让我们的头脑更加睿智，梦想也就走得更远；坚持不懈的阅读更是自我提升的重要途径，在纷繁喧嚣的世界里，我们每个人，总会找到绽放在自己心灵深处的那朵散发墨香的安静而美丽花朵，那是构成我们每个人幸福感的重要部分！

最后，希望每个人都能经常性的阅读，将其内化为一种自觉行为，成就书香弥漫的人生岁月，在有限的生涯里欣赏无限的生命美景，生活因之更加丰富与智慧，充实与从容，人生也因此更加精彩。

2022年6月

目 录

专业
书目

拓展书目

专业
书目

建筑设计及其理论

城市设计

历史建筑保护

建筑技术

城市规划

风景园林

艺术史

一 建筑设计及其理论（42）

1 《建筑第一课》

袁牧，中国建筑工业出版社2011年出版。

建筑学是一门古老而庞杂的学科，其博大精深时常让初学者倍感困惑。作为一本写给建筑学新生的入门指南，作者通过自己十多年的学习、实践和思考，力图以简单直接的方式描绘建筑学的知识技能体系框架，概括建筑学的基本学习方法和路线，在浩如烟海的建筑知识体系中筛选出合适新手的起步区，并推荐了最基本的阅读书目。

2 《建筑空间组合论》

彭一刚，中国建筑工业出版社2008年出版。

本书从空间组合的角度系统地阐述了建筑构图的基本原理及其应用。书的第一章用辩证唯物主义的观点分析了建筑形式与内容对立统一的辩证关系；第二、三章着重阐述功能、结构对于空间组合的规定性与制约性；第四章从美学的高度论证了形式美的客观规律，并分别阐述了与形式美有关的建筑构图基本法则；第五~七章以大量实例分别就内部空间、外部体形及群体组合处理等方面分析说明形式美规律在建筑设计中的运用。第二版在原章节的基础上增加了第八章"当代西方建筑的审美变异"。第三版增补了第九章"当代西方建筑赏析"。本书可供建筑师、城市规划师阅读，也可供高等学校建筑专业师生参考。

3 《建筑：形式、空间和秩序》

程大锦，天津大学出版社2013年出版。

众多建筑专业师生、设计师皆从《建筑：形式空间和秩序（第三版）》中获得重要启发与设计灵感。全书内容涵盖了建筑历史、建筑理论和设计作品，堪称一部图文并茂的建筑百科宝典。这本经典的图解参考书有助于学生和执业建筑师理解建筑设计的基本语汇，在建成环境中检验秩序化的形式和空间。程大锦利用其个性鲜明的精美图画，展示了建筑基本要素之间的关系，这些关系已穿越时空和文化界限。通过浏览这些具有创造性的观念，鼓励读者以批判性的眼光看待建成环境，促进更深层次地解读建筑。经过再次修订的第三版，对交通、光线、景观和基地环境等章节进行了扩展，除此之外还增加了环境要素、建筑规范方面的新观点以及有关形式、空间和秩序的当代实例。书中阐释的建筑观念更加生动地展现在读者眼前。

4 《建筑概论》

沈福煦，中国建筑工业出版社2007年出版。

本书从建筑的意义、建筑的基本属性、建筑的物质技术构成、建筑设计的基本内容、建筑的社会文化性以及中国建筑和外国建筑的历史沿革诸方面，完整而系统地阐述了建筑的基本内涵。《普通高等教育土建学科专业"十五"规划教材·高校建筑学专业指导委员会规划推荐教材·建筑概论》为大学本科建筑学专业及与之相关的城市规划、景观园林、室内设计等专业的教学而编写的，同时对于与之相关的设计工作者及对建筑的爱好者也是一本颇有裨益的书。

5 《建筑形式的逻辑概念》

（德国）托马斯·施密斯，北京科学技术出版社2018年出版。

托马斯教授是在现代主义影响下成长起来的建筑师，早年有自己的事务所，1969年著有《系统建造》（Bauenmit Systemen）一书。他在慕尼黑工业技术大学曾主持的建筑建构与设计教研组（Lehrstuhl Fuer Entwerfen und Baukonstruktion）一直是系里高年纪的核心教学单位（托马斯教授的后任便是现在国内读者较熟悉的赫尔佐格教授Thomas Herzog）。作为慕尼黑工大最受学生欢迎的建筑设计教授之一，他在建筑设计教学中不仅指出学生的问题，还告诉他们问题的原因。在他看来，设计工作的基点往往来源于朴实的动机和简单的原则。对于基本问题的全面认识才是构成我们正确设计观念和设计方法的前提。而作为教学工作则更是如此。他强调在设计教育中，不是依靠学生的"天才灵感"或者为师者的"老经验"，而是应当总结设计规律转化成为相应的设计观念和方法。

6 《建筑师的20岁》

（日本）东京大学工学部建筑学科、安藤忠雄研究室 编，清华大学出版社2005年出版，王静、王建国、费移山译。

在当今建筑学领域，伦佐·皮亚诺、让·努维尔、理卡多·雷可瑞塔、弗兰克·盖里，贝聿铭，多米尼克·佩罗的大名，可谓无人不知，大家对他们的建筑作品也都耳熟能详，但是他们作为一位建筑师的成长道路却鲜有人知。1998年，时任东京大学教授的日本著名建筑师安藤忠雄邀请了当今世界上这六位炙手可热的建筑大师到东京大学和师生们进行面对面的交流，畅谈他们年轻时的求学生涯和从业经历，《建筑师的20岁》这本书即是当时的访谈内容记录。

这些访谈生动而轻松，提供了一般画册、图书难以涉及的细节. 其中有坚持，有艰辛，更有成功的喜悦，透露出大师们独一无二的鲜明个性，坦率真诚的人格力量以及他们对建筑设计的执着热爱。中文版的出版得到六位建筑大师的关注，他们提供了一些日文版中没有发表的照片，为这本书增添了不少亮色。

7 《像建筑师那样思考》

（美国）豪·鲍克斯，山东画报出版社2009年出版，姜卫平、唐伟译。

为使自己倾心倾力建造的东西真正成为建筑，是雇用建筑师？

还是成为建筑师？抑或是学会像建筑师那样思考？三种选择虽道理各异，却皆为享受优雅生活，书中自有阐释和解构。

美国著名建筑设计师豪·鲍克斯教授的经典之作，十六封信函，言真意切，娓娓道出建筑的真谛、设计的味道、建筑师的魅力。

8 《型和现代主义》

贾倍思，中国建筑工业出版社2003年出版。

教学程序和由此产生创造性的思维的关系是《型和现代主义》的中心所在。它也是在对理论和教学实践两方面深入研究的一个成果。这个研究建立了一个试验的基本框架，并通过"形的构造"设计组的学生合作而完成。建筑设计实践和建筑教育实践是两个不同事情。在工作中我越来越相信，前者属于过去，而后者面向未来。当前建筑教育的问题之一是羞于或不敢提倡建筑教育的学术性。许多学校囿于现状，或者在过时的思想库里翻箱倒柜，或者重复过去培养专业人才的做法。这种状况应该改变。学校实际上提供了一个一般实践领域无法提供的对建筑学本身执著探求的环境，学校应领导建筑学，而且责无旁贷。

9 《街道的美学》
（日本）芦原义信，天津凤凰空间文化传媒有限公司2017，尹培桐译。

详见专业书目二、城市设计11。

10 《外部空间设计》
（日本）芦原义信，江苏凤凰文艺出版社2017，尹培桐译。

详见专业书目六、风景园林11。

11 《图解思考》
（美国）保罗·拉索，中国建筑工业出版社2002年出版，邱贤丰、刘宇光、郭建青译。

这是一本关于建筑师运用徒手画草图图解技能辅助建筑设计思考的基础理论专著。第三版在第二版的基础上，增加了计算机辅助设计及因特网的内容，并对其他原有章节的次序及内容作了调整和补充。书中详尽论述了徒手画完善和发展设计构思的多种技能和方法，并附有大量笔法优美的徒手画草图。

12 《建筑语汇》
（美国）爱德华·T·怀特，大连理工大学出版社2001年出版，林敏哲、林明毅译。

这是一本介绍建筑构想的书，也是建筑设计者的参考书。构想是以示意图加简要文字的方式来表达的，这种表达方式是建筑设计独特的表达方式，对建筑设计师至关重要且必须加以掌握。书中将建筑设计的众多问题分为五大类，又将五大类细分为106项小专题，分门别类地整理了各种构想示意图。书中还收集了上千个构想示意图，读者可对其加以模仿、发展、组合、改良成自己的构想，并能激发新的构想，同时还可增强绘制示意图的能力。

13《设计与分析》

（荷兰）伯纳德·卢本等，天津大学出版社2003年出版，林尹星、薛皓东译。

本书内容共分6章，各章分别与以下这些设计因素有关：组织布局、实用功能、建筑结构、类型研究、背景环境及分析技巧。作者以时间为验证，介绍各种分析图，以求更深入了解建筑设计的过程。书中援引为例的图解多达百幅以上。

14《建筑学教程：设计原理》

（荷兰）赫曼·赫茨伯格，天津大学出版社2003年出版，仲德崑译。

赫曼·赫茨伯格（Herman Hertzberger）的建筑作品在世界范围内受到广泛的青睐。在这本根据1973年以来赫茨伯格在代尔夫特科技大学（Delft University of Technology）授课内容编写的专著中，建筑师把本人的设计作品和构思时的设计理念用文字的形式进行了表述。本书涵盖广泛的主题和众多的项目，汇集了大量的实践经验和对建筑物用途的评价。该书1991年在荷兰初版以来，多次再版，并已在德国、意大利、葡萄牙、日本等国家出版。

在世界建筑中，科技的进步推动了建筑的发展。通常科学、技术创造了惊人的成就，也成为人们最关心的因素。今天建筑业成了万物发展的晴雨表，从中很容易看到人们的需求是什么。另一方面，我们仍在追求一种建筑——一种不受地域或时间限制的建筑，从而不断地影响着人们的家庭生活工作，使之丰富多彩。《建筑学教程：设计原理》一书追溯了人们最基本的生活环境。然而面对建筑承担的大量责任，这种"回归本体的建筑"却总是太容易被人们忽视。每一次，我们的目标都是创造一个令人满意的环境，即适于人们使用的、舒适的环境，使人产生宾至如归的感觉。

15《建筑学教程2：空间与建筑师》

（荷兰）赫曼·赫茨伯格，天津大学出版社2003年出版。

这本书进一步充实了《建筑学教程：设计原理》，拥有深厚的内涵。《建筑学教程2：空间与建筑师》追溯了作者近10年来的设计作品和设计思想，同时引证了许多艺术家、前辈建筑师、名家巨匠和其他同行的不朽之作。"空间"是《建筑学教程2：空间与建筑师》的核心议题，建筑师在实际工作中必然触及物质空间，以及人的精神、文化领域。

16 《营造法式》

（宋）李诫，人民出版社2006年出版。

北宋时期将作监李诫组织编撰的由官方颁行的一部建筑设计学著作，完成于北宋元符三年（1100年），首次刊行于北宋崇宁二年（1103年）。全书有"总释"二卷、"制度"十三卷、"功限"十卷、"料例"三卷、"图样"六卷、"目录"和"看详"（补遗卷）各一卷，共计三十六卷，此外前有"劄子"和"序"。这部中国古籍中最完整、最具有理论体系的建筑设计学经典，融人文与技术为一体，不仅标志着我国古代建筑技术已经发展到了一个新的水平，同时也是中国古代设计思想理论发展的重要界碑。而且，还形成了现代中国的"营造之学"，魅力无比。

17 《长物志》

（明）文震亨，江苏凤凰文艺出版社2015年出版。

夫标榜林壑，品题洒茗，收藏位置图史、杯铛之属，于世为闲事，于身为长物，而品人者，于此观韵焉，才与情焉，何也？挹古今清华美妙之气于耳、目之前，供我呼吸，罗天地琐杂碎细之物于几席之上，听我指挥，挟日用寒不可衣、饥不可食之器，尊踰拱璧，享轻千金，以寄我之慷慨不平，非有真韵、真才与真情以胜之，其调弗同也。

18 《闲情偶寄》

（清）李渔、李树林，重庆出版社2008年出版。

《闲情偶寄》共分词曲、演习、声容、居室、器玩、饮馔、种植、颐养等八部，论及戏曲理论、妆饰打扮、园林建筑、器玩古董、饮食烹调、竹木花卉、养生医疗等诸多方面的问题，内容相当丰富，触及中国古代生活的许多领域，具有极强的娱乐性和实用价值。其中的戏曲理论集中国古代曲论之大成，有些见解在今天仍不失其重要的参考价值。

19 《中国建筑史》

梁思成，生活·读书·新知三联书店2011年出版。

第一部由中国人自己编写的公正权威的中国建筑史。阐明中国建筑的特征，对每一时期的现存建筑实物逐一剖析：木构、砖石、桥梁、牌坊、宫殿、苑囿、寺庙坛观、陵墓、住宅，参阅古代建筑的两部"文法课本"，解说每个建筑形制的特征及传承关系。整体把握各个历史阶段的政治、经济、文化，明晰中国建筑史分期：上古、两汉、魏晋南北朝、隋唐、五代宋辽金、元明清、清末及民国以后。讲解各个系统建筑自身之优劣，解析他时他民族与我之异同。这部《中国建筑史》完成于1944年，当时却没有出版条件。20世纪50年代初虽要出版，但梁思成先生考虑要审读修订，未能出版。此后的政治运动、批判以及繁重的社会工作，使得梁思成先生始终没能再作详细修改。本次增补版所增补的图片，均为当年先生亲手拍摄，尤为珍贵。

20 《华夏意匠》

李允鉌，天津大学出版社2005年出版。

本书作者李允鉌通过多年潜心研究中国建筑设计传统、长期实地考察东西方建筑，博览中外建筑经典，验证了中国古代存在具有中国民族与地理环境特色的建筑与规划理论，其中许多设计思想与技法属中国独有或首创，在世界都居于领先地位；进而充分肯定了中国古典建筑设计理念是中国悠久历史文化的结晶，也是世界建筑文化艺术宝库中的瑰宝。《华夏意匠》总结了中国古典建筑设计原理，书中字里行间不时流露出一位学者对国家的拳拳热爱之情和对优秀民族文化的自豪感，驳斥了少数西方人傲慢、狭隘的片面学术观点与某些中国"学者"缺乏民族自信的西化倾向，从根本上修正了学术界长期以来存在的种种谬误与偏见，打消了对中国传统建筑的模糊认识，从而全面解决了对中国古典建筑的认识与评价问题。

21 《园冶》

（明）计成（1582—1642），中华书局2011年出版。

详见专业书目六、风景园林1。

22 《江南园林志》

童寯，中国建筑工业出版社2014年出版。

一本论述和介绍中国苏杭沪宁一带古典园林的专门著作，中国建筑学家童寯著。作者在抗日战争前遍访江南名园，进行实地考察和测绘摄影，以多年研究心得于1937年写成此书，1963年由中国工业出版社出版，1984年，中国建筑工业出版社再版。

本书分文字和图片两部分。文字部分包括造园、假山、沿革、现状、杂识五篇，论述中国造园的传统特色和一般原则，阐释假山艺术，介绍江南各地著名园林的沿革、现状、艺术特点并作出评价。第二版增收《随园考》一文，增补了部分图片，共收图片340多幅。

本书是中国最早采用现代方法进行测绘、摄影的园林专著。书中述及的一部分园林现已残破或者废弃，这方面的资料尤具历史价值。

23 《绘本非常建筑》

张永和，同济大学出版社2014年出版。

用一种特别的方式梳理了张永和/非常建筑20年来的建筑、设计实践过程，上千幅精细的图画串起其设计概念、思想脉络及建筑史、艺术史中的重要概念，是有关建筑讲述的全新方式，是将绘本、工笔重彩、建筑制图、新颖的平面设计视觉语言与建筑思考相结合的独特成果。

本书收录了非常建筑事务所二十年来最重要的31个代表作，从建筑设计到产品设计、展览、装置等，以独创的绘本语言，讲述了每个作品的设计概念、过程以及其中所涉及的一些建筑理论历史概念乃至艺术概念，例如Peter Cook的事件城市、屈米的策划建筑、柯布的地毯城市、巴西的粗野主义建筑、杜尚的现成品艺术等等。本书不仅是张永和/非常建筑事务所二十年设计实践与思想发展的最完整总结，也是折射中国当代建筑、设计发展过程的重要内容。本书历时多年完成，策划、编辑及绘制花费了极大精力人力，信息量巨大，是张永和继《非常建筑》和《作文本》以来最重要之力作。

24 《造房子》

王澍，浦睿文化/湖南美术出版社2016年出版。

本书是世界建筑最高奖普利兹克奖得主、著名建筑大师王澍的建筑文化随笔集。本书从建筑出发，却不止于建筑，更是一本探讨中国传统文化当代性的著作。传统文化的当代性一直是这些年学界反复思索和讨论的重要课题，王澍以自己的学术素养，以及营造经验，构建出独特的关于东方美学的审美体系，也给出传统文化进入当代的路径，这对于当下有非常重要的学术参考价值。

10篇建筑文化随笔——从宋代山水画的意境，到明清园林的审美情趣，作者深入剖析中国传统文化、艺术，更以建筑的角度，从中探寻传统文化、东方哲学的美学价值。

4篇建筑作品历程书写——王澍的著名建筑作品包括中国美院象山校区、宁波美术馆等，在本书中，从设计开端、建造过程，直至建成后续，作者用深入浅出的语言，还原这些作品的诞生历程。从中，我们看到的是作者对于"好的建筑"以及"如何做出重返传统的当代建筑"的深入思考。

6篇散文随笔 +1篇对谈——作者漫谈个人经历、社会与人生，更触及当下人关心的居住空间等话题，大师的成长历程和人文情怀一览无遗。

25 《此时此地》

刘家琨，中国建筑工业出版社2002年出版。

"全球化"背景下，大批境外建筑师的参与使建筑"地域性"淡化，这一现象促使许多本土建筑师重新审视和思考中国建筑，刘家琨的创作思想在这样的背景下营运而生。

作者以质朴的语言叙述了他的主要作品及核心的创作思想。包含基地、结构、细部、材料，同时又整合了空间、光线、视野、路径。本书收有"丹鸿工作室""犀苑休闲营地""群星美术学校""鹿野苑石刻博物馆"等建筑设计作品。

26 《玖章造园》

董豫赣，同济大学出版社2016年出版。

本书稿综合了作者多年园林研究的理论探索和实践，共分为九章，以园林的重要组成部分如山石、理水、林木、装折等为线索，讨论了传统园林中这些组成部分营造的优劣及其后的人文内涵，以广阔的视角同时比对西方和日本的相关内容；同时，结合人在庭园中的居游等活动，再现了园林式的居住理想，阐明"中国注入到日常栖居的文化之深之广……只有西方中世纪教堂蕴含的栖居文化，才堪可匹敌"。因此，在当下的建筑实践中，作者身体力行了园林式的实践——造园。

27 《欧洲现代建筑解析》

冯金龙，江苏科学技术出版社1999年出版。

建筑是一门有思想内涵的技术，完美的建筑可以流传几个世纪，拙劣的建筑则一出生便会受到公众的指责。建筑既要迎合时代发展的潮流，又要能流芳百世，这对建筑师来说不是轻而易举的事情。有鉴于此，作者希望《欧洲现代建筑解析：形式的构建》除了给人留下建筑的直观感觉以外，更能留下深层次的思考。《欧洲现代建筑解析：形式的构建》提供的作品分析和计算机分析表现图都是为了这一目的而刻意进行的尝试。读者如阅读《欧洲现代建筑解析：形式的构建》以后感到有所启发、有所收获的话，对作者是莫大的安慰。

建筑是凝固的艺术。它需要创新，需要发展，需要鲜明的个性，要能经得起时间的考验。

《欧洲现代建筑解析：形式的构建》所分析的49个建筑作品绝大多数建于1990年以后，其规模并不太大，也较少被引用发表，但对阐述建筑材料、结构和构造的基本道理，了解和把握欧洲现代建筑最基本的设计观念却是非常适宜的，有着强烈的个人风格和现代技术特征，反映了建筑的现代品质。

28 《世界现代建筑史》

王受之，中国建筑工业出版社2012年出版。

这本书是到目前为止论述19世纪到20世纪世界现代建筑发展的最完整的中文史论劳动著作。全书100余万字的篇幅和七百多张插图，从历史的发展、理论体系的分析、建筑家和建筑事务所的介绍、建筑流派的讨论等多方面入手，完整和清晰地勾画出近二百年以来现代建筑发展的脉络和轨迹，特别对于19世纪初期欧洲的一系列建筑和设计运动，对现代主义、国际主义风格、粗野主义、有机功能主义、高科技派、后现代主义、解构主义、新现代主义、新都市主义等运动进行了深入阐述和讨论，揭示了现代建筑发展中形式变化的内在动力和社会根源，突出强调了现代化和传统的关系、建筑家的社会责任心等要点。

29《哈佛大学建筑系的八堂课》

（西班牙）洛菲尔·莫内欧，田园城市文化事业有限公司2008，林芳慧译。

以大胆的评论家之身份闻名。在本书中，他检视与他同期且全部都具有国际知名度的八位建筑大师——詹姆斯·史德林（James Stirling）、罗伯·范裘利与史考特·布朗（Robert Venturi & Denise Scott Brown）、奥多·罗西（Aldo Rossi）、彼得·艾森曼（Peter Eisenman）、奥瓦罗·西萨（Alvaro Siza）、法兰克·盖瑞（Frank O. Gehry）、瑞姆·库哈斯（Rem Koolhaas）、赫尔佐格与德穆隆（Herzog & de Meuron），讨论他们的理论态度、技术创新以及设计贡献。莫内欧对八位建筑师的探讨，是以既口语又深入的一系列当代建筑大师建筑讲座的方式展开。读者读到的不是冰冷、毫无感情的学术理论，而是莫内欧看待当代建筑时其独到深刻的信念与说服力。内文还辅以超过600张的图例作为解释说明。

轮番讨论每一位建筑师，莫内欧先是给予一个扼要的简介，强调他们的意图、理论关注范畴、施工程序；再转到作品方面，对他认为若要充分理解每一位建筑师必须要知道的决定性案子，提供细节的评论分析。

文章中用以描绘他的观点所加入的很多影像就如同他上课时快速播放的投影片般，当然，莫内欧的洞察力是如此的独一无二。这些介绍文并非我们可以在大学图书馆书架上轻易找到的那种莫内欧称之为"缄默论文（Tacit Treatises）"的无表情介绍文字，而像是真正生灵活现地碰上当中的建筑大师，甚至可以借着莫内欧的解说和八位建筑大师棋逢对手般应对着。

30《建筑的七盏明灯》

（英国）约翰·罗斯金，山东画报出版社2012，谷意译。

作者及著作皆具经典地位，影响深远；百余年几十种版本畅销不衰。

译者学识广博深厚，文笔娴熟精到，完美再现了原著的文采和韵味。

19世纪初应工业革命而生的"美术与工艺运动"是建筑史上

迈向现代化过程里的一股关键影响力量，此运动的怀旧倾向与浪漫精神，为当时尚轮廓未明的"现代性"勾勒形貌并填充内涵，而其中的精神导师及推手就是本书作者罗斯金。

罗斯金从不同的面向分析影响当代最具影响力的建筑型式——哥特式建筑，提出建筑的七盏明灯，包括献祭、真实、力量、美感、生命、记忆和遵从。

从今日的眼光来看这七项原则，犹未过时，且意义丰饶。现代性之发展以工业革命为剧变的转折点，英国为工业革命之发轫地，为对应工业革命而起的美术与工艺运动正好站在时代递嬗的位置，本书的反思与洞见，对建筑、美术与工艺领域之现代性发展至为关键而影响深远，因此罗斯金其人之思想著作值得被引介与了解。

31 《空间·时间·建筑：一个新传统的成长》

（瑞士）希格弗莱德·吉迪恩，华中科技大学出版社2014，王锦堂、孙全文译。

《空间·时间·建筑》一书具有以下特点：用比较方法来研究历史；用空间概念来分析建筑；用恒与变（Constance and Change）来揭示发展的本质；用大历史衬托具体建筑现象，又用具体现象的深刻分析来呼应时代；种种直笔与曲笔的结合，共时与历时分析的结合使人在雄浑的历史感中体会到建筑真意。内容上时段起始文艺复兴直至当代，范围跨越规划、建筑，所用材料丰富翔实、富于启发，实际上它不止检讨建筑和规划各方面与工业技术的并行发展与相互影响，还呈现了它们与艺术结伴而行的情形。此外，在它之前许多建筑与规划不为人知，而经它之后为人重视的现象比比皆是，所以对史料所作的重新诠释之功也是不可忽视的。

该书第五版汇集了吉迪恩在第一版、第二版、第四版、第五版所写的重要序文。作者在一序中指出现代文化外表混杂，内部依然潜藏着统一和综合，一个新建筑传统有望成长。三序中则饶有趣味地提到了他的先辈布克哈特和沃尔夫林。四序中揭示了"恒与变"这一深刻主题并表示意欲进一步研究原始艺术和上古文明恒与变的问题，撰写《艺术的起源》和《建筑的起源》两书以深入人类经验底层，在意识中作探幽索隐的工作。作者在五序中对所添内容作了说明，意使全书轮廓更为清晰整一。

32 《勒·柯布西耶全集》

（瑞士）W.博奥席耶·斯通诺霍，中国建筑工业出版社2005，牛燕芳、程超译。

《勒·柯布西耶全集》堪称建筑界有关柯布西耶资料最为详尽的权威著作。全套书囊括了1910 ～ 1969年柯布西耶的作品及理论，图样详细、照片丰富、文字生动。"该如何丰富我们的创造力呢？"这位伟大的建筑大师、哲学大师柯布西耶给我们指引的方向是："去向那无疆之域，去自然的瑰丽多彩中发现"，"满怀激情地投入到对事理的探究中来，至于建筑变成了自然而然的结果"。他的设计没有边界，没有桎梏。在他而言，建筑师应该"成为整个社会之最杰出——精神之最富足"，"对任何事情都是开放的"。"建筑，是一种思维方式，而非一门手艺。"柯布西耶教给我们的不仅是知识和方法，更是深入人心的思想和纲领。柯布西耶的语言是慷慨激昂的，柯布西耶的设计是激情四射的，柯布西耶的理论是历久弥新的。让热爱建筑的莘莘学子捧起这套书，共同聆听大师的演讲吧！

33 《走向新建筑》

（法国）勒·柯布西耶，商务印书馆2016，陈志华译。

勒·柯布西埃在建筑理论上提出了许多革新和独特的见解，批评了看不到工业发展和建筑发展必然趋势的古典主义学派，对世界现代建筑的形成和发展产生了很大影响。在本书中提出了建筑必须走大生产、工业化道路，反对搞虚假装饰的古典主义；主张设计要有整体观念等等。

34 《透明性》

（美国）柯林·罗、罗伯特·斯拉茨基，中国建筑工业出版社2008，金秋野、王又佳译。

柯林·罗和罗伯特·斯拉茨基在得克萨斯大学奥斯汀分校共同发起了建筑学团体"得州游侠"，参与者还有约翰·海杜克（John Hejduk）、沃纳·塞利格曼（Werner Seligmann）和伯纳德·霍伊斯里（Bernhard Hoesli）。与他们的教学事业相联系，这个团体的成员寻求一种新的建筑学设计方法，并将他们的理论模型通过教学实践来检验。他们的方针建立在作为现代时期、现代建筑客观基础的知识结构之上，最后在名为《透明性：物理层面与现象层面》的文章中达到顶峰，这篇文章系统阐述了他们的理论原则。

这一版本的《透明性》同时收录了伯纳德·霍伊斯里的评论和沃纳·塞利格曼的序言。

35《密斯·凡·德罗》

刘先觉，中国建筑工业出版社1992年出版。

书中详细地叙述了密斯的一生，不仅仅是建筑方面，还包括与亲人、朋友之间的事情（特别是与当时其他几位大师，包括赖特、格罗皮乌斯、柯布西耶之间的趣事，也让读者们看到了更加立体化的大师形象）。

就建筑方面而言，密斯在早期阶段，其建筑哲学就已确立，在其后的一生中，通过生活的阅历不断地去推敲和完善自己的创造精神和哲学观点。这些变化很容易从其作品中感悟到。作为一代大师，他对现代主义建筑产生的深远而广泛的影响是毋庸置疑的。但与此同时，其过多地强调理性的秩序，忽视环境的特性，经常以普遍性代替特殊性，因而缺乏生动活泼的艺术意境，这也是大师建筑思想中的小小遗憾。

36《包豪斯》

（英国）弗兰克·惠特福德，生活·读书·新知三联书店2001，林鹤译。

包豪斯是德国的一个现代艺术教育学校，对现代主义艺术风格的形成产生了关键性的影响，以"包豪斯"风格闻名于世。

这本书是国内专门介绍这一现代艺术运动的第一部专著，展现了20世纪初现代艺术发端时期波澜壮阔、充满激情和叛逆精神的历史画面。

37《建筑的复杂性与矛盾性》

（美国）罗伯特·文丘里，中国水利水电出版社、知识产权出版社2006年出版。

除建筑以外，任何领域都承认复杂与矛盾的存在。如数学对极限不一致的证明。艾略特对"困难的"诗歌的分析和亚伯斯对绘画自相矛盾的性质下的定义。建筑要符合维特鲁威实用、坚固、美观的三大要素，就必然是复杂而矛盾的。文丘里接受矛盾及其复杂，目的是要使建筑真实有效和充满活力。喜欢基本要素混杂而不是纯粹，折中而不要干净，扭曲而不要直率，含糊而不要分明，既反常又无个性，既恼人又有趣，宁要平凡，不要做作，宁可迁就，不要排斥，宁可过多，不要简单，既要旧也要创新，宁可不一致和不肯定也不要直接的和明确的。主张杂乱而有活力胜过明显的统一。同意不通过前提的推理并赞成二元论。喜欢两者兼顾超过非此即彼，喜欢黑的、白的、灰的，而不是非黑即白。但复杂和矛盾的建筑对总体具有特别的责任：它的真正意义必须在总体上或有总体的含义。它必须体现兼容的、困难的统一，而不是排斥其他的、容易的统一。少并不是多。

38《城市建筑学》

（意大利）阿尔多·罗西，中国建筑工业出版社2006，黄士钧译。

在意大利的建筑历史中，很早就有建筑师兼理论家的传统。从文艺复兴到19世纪，系统的论著已经成为某些建筑师陈述自己观点的特有方式。在维特鲁威（Vitruvius）写作模式的基础上，阿尔伯蒂（Alberti）创立了文艺复兴的写作模式。塞利奥（Serlio）和帕拉第奥（Palladio）又发展了这种模式。塞利奥的一系列著作如同一部建筑手册，从古代建筑一直写到对未来建筑的构想。与他本人那些已经完工的质朴作品相比，书中那些未被建造的设计方案更为重要。这些方案已经超出了本身作为设计作品的意义，因为它们被开始用来阐述许多建筑类型。这种写作模式后来为帕拉第奥所借鉴。在临终的前10年，帕拉第奥写下了有点儿像其生平简历的《建筑四书》。在书中，他重新绘制了自己的设计方案和作品，以记录自己的思想观念和实际工作。无论是描绘古罗马的遗迹，还是重新绘制自己的设计方案，帕拉第奥都首先关注现有建筑原型中那些类型的起源、创新和变形。绘图和写作之间的这种相互关系因而成为建筑传统的一部分。

在意大利，这种传统一直延续到20世纪。斯卡莫齐（Scamozzi）、米利齐亚（Milizia）和洛多利（Lodoli）等人的著作，更不用说最近帕加诺（GiuseppePagano）的论著和设计，自然都是这种传统的产物，罗西的《城市建筑学》一书也不例外。为了理解罗西的建筑，有必要去研究他的著作和绘图。《城市建筑学》一书与以往的论著很不一样，因为它一方面和文艺复兴时期的论著一样，意在论述一种科学理论，另一方面又奇特地预示了罗西后来的作品。

39 《现代建筑——一部批判的历史》

（美国）肯尼斯·弗兰姆普敦，生活·读书·新知三联书店2004，张钦楠译。

本书是对20世纪的建筑及其起源的一次全面审视，1980年问世以来便受到广泛赞誉，从而成为该领域的经典之作。1985年本书再版时，作者对其进行了修订，并增添了新的内容。此第三版在第二版的基础上又进行了扩充，补充了最新的内容，并对当前特别重要的领域和论点进行了考察。本书的参考文献部分也经过重新审订和扩充。

本书资料翔实，涵盖了自18世纪中期至20世纪90年代几乎所有主要的建筑思潮及流派、建筑师及代表作；丰富而精致的图片，令本书的阅读更加直观；客观而精到的论述，使现代建筑发展中纷繁复杂的线索变得清晰可循，建筑及建筑艺术中所蕴含的文化内涵和人文关怀贯穿始终，建筑与音乐、绘画、哲学的内在联系也更可感知。

40 《建构文化研究》

（美国）肯尼斯·弗兰姆普敦，中国建筑工业出版社2007，王骏阳译。

《建构文化研究：论19世纪和20世纪建筑中的建造诗学（修订版）》是肯尼思·弗兰姆普敦（Kenneth Frarnptorl）继他的经典著作《现代建筑——一部批判的历史》之后又一部令人翘首以待的宏篇巨著，必将对现代建筑发展的讨论产生深远的影响。

一言以蔽之，《建构文化研究》是对整个现代建筑传统的重新思考。弗兰姆普敦探讨的建构观念将建筑视为一种建造的技艺，它向迷恋后现代主义艺术的主流思想提出有力的挑战，并且展现了一条令人信服的别开生面的建筑道路。确实，弗兰姆普敦据理力争的观点就是，现代建筑不仅与空间和抽象形式息息相关，而且也在同样至关重要的程度上与结构和建造血肉相连。

组成《建构文化研究：论19世纪和20世纪建筑中的建造诗学（修订版）》的十个章节和一篇后记追根溯源，努力挖掘当代建筑形式作为一种结构和建造诗学的发展历史。弗兰姆普敦对18世纪以来法兰西、日耳曼和不列颠建筑史料的近距离解读为《建构文化研究：论19世纪和20世纪建筑中的建造诗学（修订版）》的理论框架提供了坚实的基础。他清晰地阐述了结构工程与建构想象是以何等不同的方式呈现在佩雷、赖特、康、斯卡帕和密斯的建筑之中，以及建造形式和材料特征是如何在这几位建筑师的建筑表现中发挥相辅相成的作用的。这些元素贯穿在某位建筑师作品中的方式也就构成了评判该建筑师整体建筑发展的基础。这一点尤其突出地体现在弗兰姆普敦对佩雷、密斯和康的建筑作品和思想态度的历史成分的分析之中。

41《城市意象》

（美国）凯文·林奇，华夏出版社2001，方益萍译。

详见专业书目二、城市设计6。

42《城市发展史：起源、演变与前景》

（美国）刘易斯·芒福德，上海三联书店2018，宋俊岭、宋一然译。

详见专业书目二、城市设计2。

二 城市设计（23）

1《明日的田园城市》

（英国）埃比尼泽·霍华德，商务印书馆2010，金经元译。

详见专业书目五、城市规划2。

2《城市发展史：起源、演变与前景》

（美国）刘易斯·芒福德，上海三联书店2018，宋俊岭、宋一然译。

本书是美国著名城市理论家、社会哲学家刘易斯·芒福德重要著作之一，着重从人文社会科学系统阐述城市起源和发展，并展望了远景。内容包括：史前时代的城市，城市在美索不达米亚的诞生，古埃及城市，古希腊—罗马城市，中世纪基督教、巴洛克和商业城市，近代和现代工业城市。作者从政治、经济、文化、宗教、社会、城市规划等多方面综合研究城市发展的历史，对今后城市发展提出战略性意见。本书史料丰富，为提高实用性，书后加编中文索引，便于读者检索。本书获得1962年美国国家图书奖。

本书可供从事政治、经济、文化、历史、社会发展战略研究、城市地理、城市规划与建筑、城市管理等工作者研究参考，也可供有关大专院校师生阅读参考。

3《美国大城市的死与生》

（美国）简·雅各布斯，译林出版社2005，金衡山译。

详见专业书目五、城市规划3。

4《拼贴城市》

（美国）柯林·罗，中国建筑工业出版社2003，童明译。

以城市为背景，对象有建筑学和城市规划领域，《拼贴城市》是一本具有划时代意义的理论著作，在建筑学与城市研究向后现代转向的过程中，具有一种里程碑式的地位。《拼贴城市》自面世以来，就引起了学界内的高度关注，许多著名学府将其选为必读教材。本书所涉及的范围很广，从经典哲学、社会学、政治学，到现代学术、现代文学、城市建筑史等等，为读者展现了一个宏大的人文领域场景，以此来谈论现代建筑与城市。

5 《城市设计》

（美国）埃德蒙·N·培根，中国建筑工业出版社2003，黄富厢、朱琪译。

本书根据美国著名城市规划、城市设计家培根的著作《城市设计》、AIA组织编写的《城市设计：市镇或城市的建筑》和旧金山城市规划局编写的《城市设计规划：为旧金山包容的规划而作》编译而成，以培根的《城市设计》为主。

6 《城市意象》

（美国）凯文·林奇，华夏出版社2001，方益萍译。

一座城市，无论景象多么普通都可以带来欢乐。从《城市意象》这本书中我们发现——城市如同建筑，是一种空间的结构，只是尺度更巨大，需要用更长的时间过程去感知。城市设计可以说是一种时间的艺术，然而它与别的时间艺术，比如已掌握的音乐规律完全不同。很显然，不同的条件下，对于不同的人群，城市设计的规律有可能被倒置、打断，甚至是彻底废弃。

7 《城市形态》

（美国）凯文·林奇，华夏出版社2001，林庆怡译。

详见专业书目五、城市规划13。

8 《总体设计》

（美国）凯文·林奇、加里·海克，中国建筑工业出版社1999，黄富厢、朱琪、吴小亚译。

《总体设计》是已故美国著名城市规划师，麻省理工学院教授凯文·林奇的经典著作。书中包括对总体设计程序的论述、典型实例的分析和十章相关问题的研究，即用户分析、设计纲要、修建场所和总体设计、住宅建设用地使用权及规划含义、造价估算、发展中国家住宅建设的总体设计、设计战略和环境分析等，各部分都有照片、墨线图和旁注草图加以说明。书后的大量附录论述了专门的技术，提供了详尽的原始资料和标准数据简表。

9 《癫狂的纽约》

（荷兰）雷姆·库哈斯，生活·读书·新知三联书店2015，唐克扬译。

《癫狂的纽约》（*Delirious New York*）一书中，库哈斯认为"曼哈顿的建筑是一种拥塞的开拓之范型，曼哈顿已产生自己的大都会都市主义——拥塞文化"，并提出了拥塞文化的三个定理：格子（Grid）、脑前叶切开术（lobotomy）、分裂（schism）。格子代表曼哈顿的都市规划，表现出一种不自由和自由间的辩证关系；脑前叶切开术代表摩天大楼内外关系的决裂；分裂则代表摩天大楼叠豆腐式的空间构成造成上下楼层关系分裂的状况。库哈斯认为拥塞文化"解决了形式（外）与机能（内）长久以来的冲突，使曼哈顿的建筑物兼具建筑和高效能机械；现代的和永恒的。"

10 《看不见的城市》

（意大利）伊塔洛·卡尔维诺，译林出版社2012，张宓译。

在大陆，王小波、苏童、阿城、止庵是他的忠实粉丝。

在台湾，朱天文，唐诺是卡尔维诺不遗余力的传播者。

在香港，梁文道说他一直在准备谈卡尔维诺，可是一直没准备好。

卡尔维诺认为他"写了一种东西，它就像是在越来越难以把城市当作城市来生活的时刻，献给城市的最后一首爱情诗。也许我们正在接近城市生活的一个危机时刻，而《看不见的城市》则是从这些不可生活的城市的心中生出来的一个梦想"。

11 《街道的美学》

（日本）芦原义信，天津凤凰空间文化传媒有限公司2017，尹培桐译。

这本书以街道的视觉秩序的创造作为建筑平面布局形成设计的出发点，分别从街道的自然特征、美学规律、人文特色出发，由浅至深论述如何发掘建筑平面布局，形成设计中的视觉秩序规律。

现代西方建筑理论众说纷纭，其中虽不乏真知灼见，不过这些理论的研究者却未必都具有建筑创作实际体验，故虽言之凿凿却不着痛处，难以指导设计实践。更有甚者，唯恐其理论不够"深奥"，乃一味旁征博引，玄之又玄，再加文字晦涩，读后令人如堕五里雾中。

芦原义信这部《街道的美学》和《续街道的美学》则一扫上述弊端。作者把当代许多建筑理论、丰富的知识寓于通俗易懂的流畅文字中，通俗而不浅薄。并且，作者又把这些理论应用于自己的建筑创作，通过自己的大量作品说明这些理论，故理论性强，但又不脱离实践。

12 《外部空间设计》

（日本）芦原义信，江苏凤凰文艺出版社2017，尹培桐译。

详见专业书目六、风景园林11。

13 《交往与空间》

（丹麦）扬·盖尔，中国建筑工业出版社2002，何人可译。

这本书着重从人及其活动对物质环境的要求这一角度来研究和评价城市和居住区中公共空间的质量，在从住宅到城市的所有空间层次上详尽地分析了吸引人们到公共空间中散步、小憩、驻足、游戏，从而促成人们的社会交往的方法，提出了许多独到的见解。

《交往与空间》在1971年出版后，对斯堪的纳维亚及欧美其他地区的城市及居住区的规划设计产生了广泛的影响。先后被译成多种文字，在许多国家被列为建筑学及城市规划设计专业学生的必读书目。

14 《城市设计新理论》

（美国）C.亚历山大、A.安尼诺，知识产权出版社2002，陈治业、童丽萍译。

过去一些神圣庄严的城市如威尼斯（Venice）或阿姆斯特丹（Amsterdam）给人一种整体感觉。在这些城市中，无论是大的饭店、商店和公共花园，还是小的阳台和装饰物，在外观的各个方面都表现出有机的统一。然而，在现代城市中，往往缺乏这种整体感。很显然，对于那些忙于解决单个结构的建筑师和只顾执行地方法规的城市规划者来说，要获得整体感几乎是不可能的。

在由环境结构中心高度赞扬的这套系列丛书的最新一书中，集建筑师与规划师于一身的 C. 亚历山大（Christopher Alexander）和他的同事提出了一种新的城市设计理论，其目的是再现城市有机的发展过程。为了找到创建日益增长的城市整体性发展所需要的各种法规，作者提出了一套初步法则，共七条，它们体现了实际发展的过程，与城市日益发展要求相吻合。

随后作者对这些法则进行了试验，并与许多研究生一起，对旧金山高密集区进行模拟城市再设计。启动了一项涉及大约90种不同的设计问题的项目，包括仓库、饭店、渔用码头、音乐厅和公共广场。这种大范围的实验都按工程顺序一个个记录存档，并用楼层平面图、立面图、街道网络、立体投影图和按比例缩小的模型照片对各项工程如何满足这七条法则的问题进行了详细的说明。

《城市设计新理论》一书为城市问题的讨论提供了一种完全新型的理论框架，极大地弥补了今天的城市所存在的缺陷。

15 《城市并非树形》

（美国）克里斯托弗·亚历山大，建筑师1985（6），严小婴译。

这是一篇探讨设计思想方法的论文，其原则并不限于城市规划。问世以后，反映强烈。文章对多种著名城市设想的方案进行了分析，极为雄辩，思维严谨，颇能活跃我们的思路。值得商榷的，一是亚历山大的价值观，二是城市形成过程总是发生的，其复杂性还不能仅仅表现在半格网和树形结构的差别上。

16 《都市设计概论》

（美国）乔纳森·巴奈特，中国台湾创兴出版社有限公司1982，谢庆达、庄建德译。

作者以其从事都市设计的丰富专业经验及其广博的建筑及规划知识，精选一些成功的都市设计及郊区设计或开发案例，深入浅出地说明都市设计的内涵及未来的努力方向、都市设计内涵之变迁。本书从设计都市、环境设计与环境维护、社区参与都市设计决策、都市设计与维护史迹运动、设计都市而非设计建筑物、都市设计技术：分区管制、细部设计及都市更新、纽约市分区管制制定区的发展历程、整体政策取代分区管制特定区、旧金山都市设计计划等几方面，对都市设计进行讨论。

17 《寻找失落空间——城市设计的理论》

（美国）罗杰·特兰西克，中国建筑工业出版社2008，朱子瑜等译。

本书介绍了城市空间设计的理论、方法和当前的议题。第一章引入了失落城市空间的问题及其形成因素；第二章全面论述了功能主义理念的哲学、演变及其反响，并讨论了蚕食城市空间传统形式的其他因素；第三章介绍了城市空间重要的历史范例和现代的一些做法，对"硬质空间"和"柔质空间"的适宜性进行了描述；第四章将针对现代城市危机的主要理论和批评观点归纳为图—底理论、连接理论和场所理论，并阐述其各自的优缺点，说明只有三者整合才有益于城市空间设计；第五章通过对美国波士顿市和华盛顿特区、瑞典哥德堡市及英国纽卡斯尔的拜克地区的城市设计问题实例研究阐述了空间结构的不同形态、相互联系及其环境背景；最后一章则总结了实现整合设计目标的原则。

18 《城市景观艺术》

（英国）G.卡伦，天津大学出版社1992，刘杰、周湘津等编译。

本书包括：视觉连续、场所、内涵、传统功能方法、综论、城镇分析6部分。对城市景观艺术在多个层面上进行了剖析。城市景观作为一种时空艺术，是一定的时代精神的物化形式，必定反映当时的哲学思想和人们的审美意识。每一个时期的城市景观都是人们通过协作劳动共同创作的艺术作品，城市景观和协作劳动构成了这个城市的艺术生活。

19 《城记》

王军，生活·读书·新知三联书店2003年出版。

详见专业书目五、城市规划23。

20 《采访本上的城市》

王军，生活·读书·新知三联书店2016年出版。

一部用脚写下的记者之书，一声对城市意义的追问。它直面现代造城之弊，以生命的坐标，锁定城市的方位。它以简单的方式，暴露复杂的世相，探索现象的本质。街道的宽窄疏密，屋宇的兴衰存废。人生的悲欢起伏，激荡的城市戏剧。它视城市为生命，而不是规划师笔下的荒地。它是对20世纪的反思，对21世纪的呼唤。

21 《城市营造：21世纪城市设计的九项原则》

（美国）约翰·伦德·寇耿、菲利普·恩奎斯特、理查德·若帕波特，江苏人民出版社2013，赵瑾译。

约翰·伦德·寇耿（John Lund Kriken）为建筑师与城市规划师。1970年加入A.SOM旧金山办公室，作为负责城市设计与规划团队的合伙人达20年之久。如今，他继续作为顾问合伙人工作，并任职于加利福尼亚大学伯克利分校环境设计学院，担任城市设计研究生教育的兼职教授。他撰写此书的目的在于教授城市设计的主旨，并鼓励广大公众及专业人士更加深入地参与到创造优秀城市的实践中去。最终，在两位同事的帮助下，合作完成了这一复杂而综合的工作。

22 《西方城市规划思想史纲》

张京祥，东南大学出版社2005年出版。

《西方城市规划思想史纲》是国内第一本系统阐述、总结西方城市规划思想史的著作。按照西方城市规划思想发展的重大历史时期为序共分十章，在概要介绍各个时代西方社会总体发展背景与社会主体思潮的基础上，系统而简要地阐明了西方城市规划二千五百多年来所形成、演替的基本思想与主流精神，从而梳理出基本的规划思想史脉络，并对城市规划思想的未来发展进行了展望。《西方城市规划思想史纲》对西方城市发展各时期的重要的城市规划思想、规划理论以及重大规划实践等进行了全国性的、系统的总结，内容上既重客观的陈述，更重深入的分析与评述，并努力提炼出各个时期城市规划思想发展的基本特征与理念。全书以案例配合理论的阐述，图文并茂。

23 《明日之城：1880年以来城市规划与设计的思想史》

（英国）彼得·霍尔，同济大学出版社2017，童明译。

彼得·霍尔影响广泛的《明日之城》仍然是针对规划理论与

实践的历史，针对其所缘起的社会经济问题和机遇的绝世阐述。这部经典文献由城市规划设计领域最受尊敬的人物所撰写，为读者呈现了发生于20世纪全球范围内的重要城市规划与城市设计史。

此次经过全面修订的第四版涵盖了过去十年间所发表的众多新成果，借鉴了来自全球范围的案例。霍尔在讨论中涉及的城市内容广泛，并将他自己多彩的经验融入这部权威性的城市发展史之中。

三　历史建筑保护（19）

1 《建筑遗产保护概论》
薛林平，中国建筑工业出版社2013年出版。

建筑遗产就像一部部史书，也像一卷卷档案，客观地记录着人类的点点滴滴，它是一个国家和民族历史文明的载体。但是，和建筑本身的历史相比，建筑遗产保护的历史，可谓非常短暂。虽然广义的"保护"几乎和建筑同时，因为一旦建筑产生，人们为了更好的使用，都会对其进行维护，但这种维护是为了延续其功能，和现代意义上的保护不同。现代意义上的保护，更多是为了留下记忆、留下建筑承载的历史。

2 《文物建筑保护文集》
陈志华，江西教育出版社2008年出版。

讲述了有关文物建筑保护的有关知识，文物建筑保护理论虽然生成于欧洲，但是有根本的普遍意义，因为它是科学。但是，科学在付诸实践的时候，并不排斥特殊性，因为世间一切事物都是普遍性和特殊性的统一。中国建筑有它的特殊性，欧洲各国建筑也有它们的特殊性。中国的文物建筑保护有我们的特殊困难，欧洲的也有。特殊性并非中国建筑所独有，不研究事物的特殊性，会变成僵硬的教条主义者，给工作带来损失，但过于强调特殊性而超越理论的普遍原则，我们会失去方向，失去基本的是非标准，那损失就太大了。

在这里反复强调文物建筑保护理论的基础价值观和方法论，就是因为作者经过20年的田野工作，了解我们国家的实际。我们这个民族，整体上说，自古以来就少一点科学精神和历史责任心而有太多的功利主义，自古以来就不习惯进行理论的思考而满足于实用主义，这是我们在许多方面落后于欧洲的主要原因。当今文物建筑保护工作中有成绩，那是因为我们毕竟还有一些具有科学精神和世界眼光的干将。但也有不少失误和损失，那就是由于也有一些人回避困难而企图"取巧""简便""差不离就行"，不做那些"吃力不讨好"的工作，更糟的就是只醉心于求利。这也是一种"实际"，所以必须多讲基础理论，多讲历史责任心和科学精神。

但这《文物建筑保护文集》里的文字也确实有脱离实际，准确地说是回避实际的地方，那便是对当今最感到束手无策的体制性问题和某些人的素质问题，恍兮惚兮，谈得很少，而这些问题却往往起关键性作用。

3 《护城纪实》

阮仪三，中国建筑工业出版社2003年出版。

本书既是作者专业之外的一部著作，更是他专业之内一部罕见的作品，本书着力表述自己对当代重大文化问题的思考与立场，以及为这些思想付出的一切。因此说这是一部具有时代性和思想性的大作品，是当代中国知识分子的一部良心录。

如《护城纪实》中所说，一些历史悠久的古城中的领导，由于一心赶上现代化发展步伐，认为几百年前的古城墙挡住了道路的拓宽，便是阻碍了经济的进步，就将其拆除；一些城市政府觉得流经城市的河流占用了精华开发地段，有碍城市发展，干脆将其填埋，让它们从人间蒸发。而《护城纪实》中记录的九华山风景区的当地领导放任自己的亲戚在山上建房、伐树但后来终被阮老等人拦下一事，也联想到了一些城市纵容土地的不合理开发，与河流争抢土地，使洪泛平原上建起了越来越多的民宅，从而使每次洪灾后都造成严重后果的事例。

4 《乡土建筑遗产保护》

陈志华、李秋香，黄山书社2008年出版。

主要内容包括：中国乡土建筑遗产保护的世界意义、乡土建筑研究丛书·总序、抢救乡土建筑的优秀遗产、乡土建筑保护十议、乡土建筑保护论纲、文物建筑保护中的价值观问题、怎样判定乡土建筑的建造年代、《关于乡土建筑遗产的宪章》、在《关于乡土建筑遗产的宪章》后的附言。

5 《domus+新建筑改造实例》

于冰，中国建筑工业出版社2008年出版。

收集了中国以及来自世界其他国家的建筑改造、更新和旧有环境的扩建项目。文献资料详尽记录了建筑师在旧有环境条件中所面临的挑战、采用的策略、改造的空间以及使用的技术和材料，成为深入观察当代建筑如何应对历史遗存的有益参考。

6 《城市历史街区的复兴》

（英国）史蒂文·蒂耶斯德尔、蒂姆·希思、（土耳其）塔内尔·厄奇，中国建筑工业出版社2006，张玫英、董卫译。

试图通过对一系列历史街区振兴案例的分析，将城市设计与城市更新予以综合考虑。本书所研究的对象是历史街区，即那种在一个相对有限的范围内集中了相当多的历史建筑的地区，以及以场所和地区为指向的各种城市设计与规划方法。许多城市都有以浓郁历史文化氛围见长的街区，它们营造出特有的场所感和认同感，构成城市魅力与活力的重要部分。这些街区的形象特征和功能品质都与城市整体密不可分。来自北美和欧洲的个案分析展示出多样性的城市振兴策略及其成果，从这些历史街区的经验中所获得的方法与思考构成了本书的核心内容。

7 《在城市上建造城市——法国城市历史遗产保护实践》

周俭、张恺，中国建筑工业出版社2003年出版。

本书以丰富的案例为基础，全面系统地介绍了法国近五十年来城市历史文化遗产保护的体系、观念和方法，包括法国历史文化遗产保护的体系、历史建筑的保护与利用、保护区的保护与更新、一般地区的发展与延续以及城市整体发展五个方面。本书突出分析了历史文化遗产对城市发展的作用以及相应的保护措施，对选取的案例从历史演变、社会状况、规划编制、管理规定、设计变更等方面作了全面的分析介绍，完整、客观地反映了法国在城市历史文化遗产保护与城市发展方面所作的实践及其效果。

8 《后工业时代产业建筑遗产保护更新》

王建国，中国建筑工业出版社2008年出版。

城市化进程加快和城市产业更新的加速，使城市中传统的制造行业比重下降，大量的城市旧区地段面临更新改造，而其中产业用地往往是更新改造的主要对象。《后工业时代产业建筑遗产保护更新》由国内城市设计著名专家、东南大学建筑学院院长王建国教授撰写，主要针对产业建筑保护更新这一目前建筑界、规划界的热点问题展开深入研究。主要包括以下几个方面：廓清产业建筑遗产保护更新和再利用的内涵意义和价值；提出产业建筑价值评定及分析的界定和分类标准；对产业类建筑保护和再利用的实施策略、具体方法、技术手段和效益等进行系统分类，并做出明确针对性的研究总结，对我国的著名案例进行深入的研究，提出具体的改造设计手法；构建产业建筑保护理论与方法。

9 《建筑的生与死——历史性建筑再利用研究》

陆地，东南大学出版社2004年出版。

首先，本书以历史性建筑为核心，以历史性建筑的再度开发利用为切入点和着眼点，以历史性建筑保护与再利用不断发展的观念与实践为研究背景，以历史性建筑的社会生命质量与社会存在意义为研究主线，力图通过历史与逻辑内在统一的研究方法，描绘出历史性建筑再利用的系统发展图景；其次，本书在历史研究的基础上，总结了历史性建筑保护与再利用的历史经验，探讨了历史性建筑保护的本质目的，以及历史性建筑再利用与广泛的建筑遗产保护和城市建设的内在关系；最后，本书在历史性研究与逻辑思辨的基础上，力图提出历史性建筑保护在当代社会需求下必然发展道路的新思路，以应对历史性建筑在现代化进程中面临的冲击与再生问题。

10 《建筑保护史》

（芬兰）尤嘎·尤基莱托，中华书局2011，郭旃译。

尤嘎·尤基莱托教授所著的《建筑保护史》是当之无愧的关于建筑保护发展历史的经典著作。作者是当今世界最著名的文化遗产保护史学家和哲学家之一，他很早就投身建筑规划和保护行业，因通晓多种语言，如英语、法语、德语、意大利语、瑞典语、芬兰语等，故而在建筑保护领域具有难以比拟的优势。《建筑保护史》是他二十多年的经验与思索的总结，对世界主要是西方建筑保护的发展历程做出了全面介绍，并指出这种发展如何影响了国际文化遗产保护活动。书中包含大量的保护案例和系统丰富的史料，这些资料即便是专业人士都很难积累获得，遑论一般读者，因此可作为所有希望更好地了解建筑历史的人士的必读著作。

11 《当代英国建筑遗产保护》

朱晓明，同济大学出版社2007年出版。

以英国建筑遗产保护为线索，以社会变迁进程中各种力量博弈下保护体系的发展为脉络，特别关注进入21世纪后英国当代建筑遗产保护理念和实践中的新突破。全书内容包括建筑遗产保护体系、各种利益团体的诉求和共生、保护的精明运营，全面介绍了从产业遗存到历史园林、从大都市到优美乡村等不同层面的保护实践。配合详尽的延伸阅读和相关网址，方便读者进一步了解英国建筑遗产的全貌。

12 《历史城市保护学导论》

张松，上海科学技术出版社2008年出版。

作者在对中国历史文化名城保护规划理论进行多年研究，以及参与大量保护规划设计实践的基础上，以对国外文化遗产和历史环境保护的理论与实践的分析为中心，试图全面论述文化遗产的概念、保护的含义与意义，并以历史城市保护为核心，阐述整体性（或整合性）保护的理论与规划方法。

城市，既是地域文化的象征，又是文化过程的产物。新区开发时，对地形地貌、风土特征、地域个性熟视无睹；旧城更新中，数百年来形成的富有人情味和鲜明特色的古老城区，经过一场"脱胎换骨"的打造，消失殆尽；迅猛且快速推进的城市化，以"旧貌变新颜"换来"千城一面"的无个性的都市空间。简而言之，今天的中国城市面临着整体危机：环境危机、特色危机、文化危机……

13 《历史建筑保护工程学——同济城乡建筑遗产学科领域研究与教育探索》

常青，同济大学出版社2014年出版。

本书是国内第一部以城乡建筑遗产保存与再生领域的跨学科研究、实践和教育为主要内容的大型综合性专业著作。书中以国际前沿的视野和中外比较的视角，通过大量典型生动的案例分析，系统阐述了历史建筑保护工程学作为新兴学科方向的基本理论、研究方法和技术手段，对妥善解决城乡改造和城镇化中保护与发展关系问题具有较高的参考价值。

本书分为上下两卷，从历史建筑保护工程的研究和教育两个层面，整体反映了20世纪末至今同济大学在这一学科方向上长期持续的专业探索，适合城乡建设管理者、建筑师与规划师、大专院校相关专业师生，以及关注我国城乡建筑遗产保存与再生的各界、各阶层人士阅读参考。

14 《修复理论》

（意大利）切萨雷·布兰迪，同济大学出版社2016，陆地编译。

本书是当代文化遗产保护理论的奠基之作，也是从事文物保护研究与实践人士的必读书目。主体部分包括八章正文和七章附文，其中既有布兰迪曾经发表的论文，也有以中央修复研究院的教学讲义为基础整理而成的文章：涵盖绘画、雕塑、建筑等艺术门类；涉及修复的概念，艺术品的本质、时间性与空间性，伪造的判别，残缺的整合，古锈的保留等论题；提出了可识别性、可逆性、预防性修复等重要原则。本书还包括《修复理论》意大利文版及英文版序言、重要的导言性文章及补充阅读材料，完整收录原版插图，结合保护实例对原文进行注释，完整呈现布兰迪理论的产生背景及其深远影响。

15 《当代保护理论》

（西班牙）萨尔瓦多·穆尼奥斯·比尼亚斯，同济大学出版社2012，张鹏、张怡欣、吴霄婧译。

在保护行业中，经典保护理论的内容可谓众所周知。但在近20年间，保护思想却在发生转变，经典保护理论遭到越来越多的质疑。这本《当代保护理论》首次将当下保护领域的新思想进行了汇总，并以条理清晰、连贯一致的方式呈现出来。

书的内容分为三部分。第一部分是保护的基本概念，对保护的专业特征及经典保护理论所面临的问题进行了讨论；第二部分则对经典保护理论进行了反思，特别是对一些经典原则如可逆性进行了批判性思考，并引出了第三部分——"保护伦理"所涉及的可持续性等"新范式"。作者首次将热点纷呈的保护思想条理清晰地集于一册，让读者能够了解当代保护理论的演进过程，语言组织清晰易懂。

16 《中国古代建筑技术史》

中国科学院自然科学史研究所主编，科学出版社1985年出版。

在数千年的历史进程中，我国各族劳动人民和建筑匠师建造了无数的建筑物，许多古代建筑遗存至今，具有优秀的技术传统和独特的艺术风格，是我国古代科学技术成就的一个重要组成部分。

本书是一部关于古代建筑工程技术历史发展的专门著作。书中对我国古代建筑工程技术的发展进程作了阐述，还对建筑工程做法、技术经验和成就进行了整理和总结。全书共分十五章，按历史发展顺序，分为原始社会、奴隶社会、封建社会三个时期，主要内容包括土工建筑技术、木构建筑技术、砖石建筑技术；建筑材料生产技术；建筑装饰技术；建筑防护技术；少数民族建筑技术；城市建设工程；园林工程技术；建筑设计与施工；建筑技术著作和著名匠师的评价等方面。最后附有中国古代建筑技术大事年表。

17 《中国古建筑修缮技术》

文化部文物保护科研所，中国建筑工业出版社1983年出版。

介绍了有关古建筑的工程做法和古建筑维修中的传统做法，介绍了一些新材料、新工艺。《中国古建筑修缮技术》着重总结老一代古建筑修缮工人的实际操作经验，内容包括木、瓦、石、油漆、彩画、搭材等六大作的修缮技术和传统做法，并对若干新材料、新工艺也作了简要的介绍。

18 《中国古代建筑的保护与维修》

祁英涛，文物出版社1986年出版。

该书主要从保养与维修工程概述、屋面的保养与维修、木构梁架的维修、装修的维修、油饰、彩画的维修、其他结构的维修、施工脚手架、木构古建筑防止自然灾害的常识、中国古代壁画的揭取、修复与复原安装等若干方面，对中国古代建筑保护与维修方式进行介绍，是一部不可多得的古建保护类的工具书籍。

19 《中国古建筑木作营造技术》

马炳坚，科学出版社2003年出版。

作者在多年从事古建筑研究、设计、施工的技术积累和总结的基础上，用现代科学的表达方法总结我国古代传统木作营造技术的一部著作。主要内容包括：传统木构建筑的种类、构造、权衡尺度、设计方法、传统工艺技术和营造施工技术、明清木构建筑的区别、仿木构建筑的设计与施工等等。在内容的编排上，《中国古建筑木作营造技术》由浅入深，循序渐进，首先介绍古建筑的名称、部位、通则，进而介绍各种木构建筑的构造方式、构架功能。直至制作安装的具体技术问题，各部分内容都附有详细的插图和权衡尺寸表，用起来十分方便。《中国古建筑木作营造技术》对古建筑文物保护、修缮、仿古建筑设计有直接指导作用。对建筑史、建筑技术史的研究，古建筑教学、技术人才培训亦有直接指导和重要参考作用。

四 建筑技术（21）

1 《建筑技术科学（建筑物理）书目索引》

曾理、万志美、徐建业，中国建筑工业出版社2016年出版。

对于我国建筑业发展而言，建筑技术科学是十分重要的支撑专业，在人民生活需求从温饱转向小康的过程中，该学科亦发挥着巨大的作用。本书除可用于建筑技术科学专业的辅助教材外，还可供科研院所、设计院、咨询公司等房屋建筑相关从业的研究与设计人员工作参考使用。有鉴于该专业自身的多重跨专业跨学科特性，系统和相对全面地编制索引，将为学生、学者、工程从业人员提供较大帮助。

2 《建筑空间组合论》

彭一刚，中国建筑工业出版社2008年出版。

详见专业书目一、建筑设计及其理论2。

3 《ANSYS ICEM CFD 网格划分技术实例详解》

纪兵兵，中国水利水电出版社2012年出版。

作为专业的前处理软件ICEM CFD，为所有世界流行的CAE软件提供高效可靠的分析模型。它拥有强大的CAD 模型修复能力、自动中面抽取、独特的网格"雕塑"技术、网格编辑技术以及广泛的求解器支持能力。同时作为ANSYS 家族的一款专业分析环境，还可以集成于 ANSYS Workbench 平台，获得Workbench 的所有优势。ICEM 作为fluent 和CFX 标配的网格划分软件，取代了 GAMBIT 的地位。本书在写作过程中注重层次递进，既介绍了网格生成基本原理，又详尽介绍了ICEM 生成网格操作。通过大量丰富、贴近工程的应用案例讲解ANSYS ICEM CFD 的应用，对解决实际工程和科研问题会有很大帮助。既可作为计算流体力学从业人员的指导书，也可作为高等院校相关专业本科生和研究生的教学参考书。

4 《实用供热空调设计手册》

陆耀庆，中国建筑工业出版社2008年出版。

又称暖通专业红宝书，全书分上下两册：上册1~18章，主要为供暖［包括辐射供暖（冷）］、通风（包括置换通风、除尘、防排烟）、锅炉房、热网、热工、能耗计算、防腐绝热、噪声振动控制、小型冷库及气调库等内容；下册19~35章主要为空调设计的有关基本资料、负荷计算、空气处理和设备、各种空调系统及水系统、气流组织、空气洁净、蓄冷（热）、热泵及各种节能设计、系统监测与控制及人工冰场等内容。

5 《中国生态住区技术评估手册》

聂梅生，中国建筑工业出版社2007年出版。

本书详细介绍生态住区（住宅）的评估体系和具体评价方法，包括两篇和4个附录。第一篇为评估体系，对选址与住区环境、能源与环境、室内环境质量、住区水环境、材料与资源等五个方面的评价内容做出了清晰的阐述；第二篇评估方法和评分标准，提出了按规划设计和运行管理两阶段进行评价的评分方法和标准。附录部分汇集了8个较有代表性的生态住区建设实例。资料翔实、图文并茂。本书可供开发商、规划设计、施工人员和从事绿色生态建筑研究的相关人员参考。

6 《绿色建筑评估体系》

美国绿色建筑委员会，中国建筑工业出版社2002，彭梦月译。

绿色建筑是指在建筑的全寿命周期内，最大限度节约资源，节能、节地、节水、节材、保护环境和减少污染，提供健康适用、高效使用，与自然和谐共生的建筑。目前全球都在兴起绿色建筑的风潮，国外的绿色建筑评估体系是怎样的呢？由美国绿色建筑协会建立并推行的绿色建筑评估体系（Leadership in Energy & Environmental Design Building Rating System），国际上简称LEEDTM，是目前在世界各国的各类建筑环保评估、绿色建筑评估以及建筑可持续性评估标准中被认为是最完善、最有影响力的评估标准，已成为世界各国树立各自修建绿色及可持续性评价规范的范本。

7 《全国民用建筑工程设计技术措施·节能专篇》

中国建筑标准设计研究院，中国计划出版社2007年出版。

本书内容全面，具体明确，操作性强。涵盖了从建筑墙体、楼地面、屋面、门窗、幕墙等建筑各部位的建筑节能技术，从新建建筑到既有建筑节能改造及太阳能在建筑中的利用；从建筑各部位建筑节能构造到建筑热工计算。在各部分采用了新的节能技术、新材料，以推动建筑节能技术进步和发展。

8 《中国建筑用标准气象数据库》

张晴原，机械工业出版社2004年出版。

本书作者从1999年起开始研究主要城市的标准年气象数据，目前已完成的城市为57个。标准年气象数据，和本书作者开发的标准日气象数据以及不保证率气象数据合在一起，统称为中国标准气象数据库。书中详细地介绍了建筑用标准气象数据库的研究背景、意义和原始数据的构成以及确定标准年气象数据的主要方法，并给出应用标准年气象数据进行冷热如何计算的实例；同时论述了标准日气象数据和不保证率气象数据，并给出了主要城市的1月、4月、7月和10月的标准日气象数据以及不保证率为2.5%和5%的温度和含湿量等。

9 《计算流体动力学分析——CFD软件原理与应用》

王福军，清华大学出版社2004年出版。

一本介绍计算流体动力学（CFD）最新理论知识和CFD软件开发、应用的指导性教材。全书共分八章，前五章以有限体积法为核心，介绍流体流动与传热问题的控制方程、空间及时间离散格式、湍流模型及数值解法，后三章结合FLUENT软件，以实例的方式介绍CFD软件原理及其在流场分析、传热计算及多相流模拟等方面的最新应用。实用性和新颖性是《计算流体动力学分析——CFD软件原理与应用》最大的特点。

10 《建筑环境学》

杨晓生，华中科技大学出版社2009年出版。

建筑环境学是一门以研究建筑热湿环境、声环境、光环境和室内空气质量为主要内容的应用性学科，是建筑环境与设备工程专业的技术平台与技术基础课程。作为本专业唯一一门以建筑环境为主要内容的教材，本书重点强调从实用、新颖和应用的角度出发，通过紧密结合建筑环境科学发展的时代进程和技术前沿，对建筑内外热湿环境、建筑声环境、建筑光环境、建筑室内空气品质以及绿色建筑环境控制技术等问题展开系统的编写，同时对相关建筑环境控制技术及应用情况通过实例加以剖析，以期能以直观化、形象化的方法将复杂问题表述清楚，达到授业解惑之教学目的。本书为高等学校建筑环境与设备工程专业基础课程用教材，可作为建筑学、土木工程、环境工程等专业的教学用书，也可作为其他专业了解建筑环境学知识的辅助教材，并可作为相应部门科研、管理、工程技术人员以及关心建筑环境领域各界人士的参考用书籍。

11 《人·气候·建筑》

（美国）B.吉沃尼，中国建筑工业出版社1982，陈士麟译。

本书是一本比较系统地论述气候环境对人的影响以及气候建筑气候与建筑之间关系的技术读物。全书共19章，大致分为五个部分。第一部分阐述气候要素及其对人的生理、感觉和生物物理方面的影响，以及评价气候要素对人体综合影响的方法；第二部分讨论建筑材料的热物理性能及其对室内气候的影响；第三部分介绍太阳辐射对建筑的影响与控制太阳辐射有关的设计问题；第四部分是建筑通风；第五部分按不同气候类型（主要是热带及亚热带）提出设计原则与设计细节。本书可供建筑设计、建筑物理、供热通风和环境卫生等专业的科技人员及大专院校有关专业师生参考。

12 《绿色建筑：生态·节能·减废·健康》

林宪德，中国建筑工业出版社2007年出版。

绿色建筑就是生态、节能、减废、健康的建筑，也是"建筑资源利用的四倍数革命"。许多人常存在"高科技终会拯救人类"

之幻想，以为绿色建筑必须花更多钱、投资更多设备，事实上正与绿色建筑的精神背道而驰，常造成以"更无效率的新科技替代更高效率的传统技术"的荒谬。地球只剩五十年，必先考虑更便宜、更自然、更有效率、更无公害的"四倍数绿色建筑设计法"才能救急，这些方法通常只是"俭朴无华的建筑设计、有效率的材料力学、重复使用的家具建材、小巧的遮阳板、韵律变化的阴影、最少管理的自然庭园景观"而已。林宪德先生是台湾成功大学建筑系教授，对绿色建筑相关问题进行了多年研究，曾在香港和大陆多所大学进行教学和演讲，本书内容深入浅出，语言生动流畅，是绝佳的入门好书。

13 《建筑环境测试技术》
方修睦，华中科技大学出版社2009年出版。

本书系统地讲述了建筑环境与设备工程专业经常遇到的温度、湿度、压力、流量、液位、气体成分、环境噪声、照度、环境中放射性等参量的基本测量方法、测试仪表的原理及应用，同时介绍了测量的基本知识、测量误差和数据处理、智能仪表和测量方案的设计。本书系统性强，内容适用，可作为建筑环境与设备工程专业本科教材，也可供从事相关专业的工程技术人员参考。

14 《绿色建筑评价技术指南》
住房和城乡建设部科技发展促进中心，中国建筑工业出版社2010年出版。

本书通过对绿色建筑评价工作实践的总结和归纳具体的评价方法和经验，对《绿色建筑评价标准》进行深入的剖析和解读，每款条文均通过"评价要点""实施途径""关注点"和"建议提交材料"等部分进行详细阐述，同时结合"评价案例"以加深理解。本书精心挑选了通过评价的两个住宅建筑标识项目和两个公共建筑标识项目作为完整案例，对评价过程进行详细介绍，有助于读者了解标识评价的完整过程。本书还在附录部分对我国"绿色建筑评价标识"工作的相关制度和文件进行了汇编，并列出建议提交材料的清单，以便于读者查阅和参考。

15 《建筑气候学》

杨柳，中国建筑工业出版社2010年出版。

本书结合中国国情，以充分利用气候资源创造舒适的低能耗生态建筑为目标，系统阐述了考虑我国地区气候影响的建筑设计的基本原理、气候分析方法、气候调节策略及其在设计中的应用。全书分为绪论、方法原理和具体应用三个部分。第1章为绪论部分，介绍了建筑气候学的发展过程及其所涉及的主要内容；第2章与第3章着重阐述了建筑气候学的基本原理和气候分析方法，并从人体热舒适角度论述了气候调节手法与室内外气候的关系；第4 ~ 7章为建筑气候学原理在建筑设计中的具体应用。其中第4章与第5章利用建筑气候分析法（Bioclimatic Building Design Method）对我国直辖市与省会城市的气候进行了系统分析工作，提出了适应地域气候的低能耗建筑的设计原则与技术措施；第6章和第7章以方法原理、设计要点、实例分析为序，从场地、群体、建筑朝向、体形与空间组合、建筑围护结构的细部处理等方面综合论述了经济、适宜的被动式气候调节技术在建筑设计中的运用。本书成果不仅为建筑的可持续发展提供指导意义，同时也为建筑师的创作提供了新的源泉。本书可供建筑师、城市规划师、建筑环境工程师阅读，也可供高等学校建筑学专业、建筑技术科学与建筑环境工程学专业师生参考。

16 《建筑热过程》

廖启森、赵庆珠，中国建筑工业出版社1986年出版。

本书全面地讲述了内外扰量对房间的热作用过程（即全面考虑了房间围护结构和物体的蓄热与放热），建筑物能耗计算的数学模型以及空调房间设计冷热负荷的计算。全书以变换求解法为基本数学手段，导出计算公式，并分析了当前使用的各种计算方法之间的内在联系以及简化计算的途径，读者可获得较全面和系统的认识。为了便于本科学生和在职技术人员学习与使用，附录中简要介绍了矩阵、复数和傅立叶展开以及拉氏变换和线性系统的基本知识。故本书可供大学本科生或研究生选修及参考用，也可供在职技术人员自学用。

17 《建筑光环境模拟》

云朋，中国建筑工业出版社2010年出版。

本书作者云朋，是建筑师和可持续建筑顾问，绿色建筑论坛和台湾Ecotect研究论坛的版主。参与和主持过多个可持续建筑设计项目，具有丰富的可持续建筑设计和工程顾问经验，精通建筑热、光、声和流体等方面的性能模拟和分析，尤其擅长被动式可持续建筑设计与建筑性能的综合优化。2007年至今，已发表多篇学术论文并出版了一本学术专著。《建筑光环境模拟》可以看成是作者多年从事可持续建筑设计和顾问工作的经验总结。与其他同类书籍不同，《建筑光环境模拟》更多的是从建筑师和可持续建筑顾问的角度来探讨怎样将光环境模拟真正引入到实际工作中来。《建筑光环境模拟》首次系统地阐述了建筑光环境模拟的基础理论和工程实践经验，同时配有大量实战案例和视频教程以帮助读者理解和熟悉。

18 《普朗特流体力学基础》

（德国）H. 欧特尔等，科学出版社2008，朱自强、钱翼稷、李宗瑞译。

德国科学家普朗特于1942年出版了其名著《流体力学概论》。随后，其学生奥斯瓦提奇等增补修订出版了该书的第六至第九版。德国流体力学教授欧特尔等又进一步增补、修订，出版了第十版和第十一版。本书为第十一版的中译本。欧特尔等保留了普朗特名著版的内容作为本书前六章的主要内容，第七至第十四章则介绍了当代流体力学发展的不同分支；并将书名由《流体力学概论》改为《普朗特流体力学基础》。

与一般流体力学论著强调数学理论不同，普朗特的名著（本书前四章）尽可能地避免复杂的数学分析，着重物理直观，旨在阐明流体力学的基本概念及问题的力学本质，培养读者的独立思考能力。欧特尔等撰写的后十章也体现了普朗特的风格和意图。后十章中有些内容可在普朗特的原著中以某种形式看到，但绝大部分是近六十年来流体力学不同分支新发展的总结。本书的内容丰富，物理概念清晰，论述深入精辟，并强调工程应用，旨在为初学者、高年级大学生及航空、水利、气象等相关流体力学发展方向的工程技术人员提供流体力学的导引。

19 《太阳辐射·风·自然光》

（美国）G. Z. 布朗、马克·德凯，中国建筑工业出版社2008，常志刚、刘毅军、朱宏涛译。

本书作者德凯是俄勒冈大学建筑学教授，是《被动式环境设计过程》一书和能量处理设计软件的最重要的合作者。本书同时具有下述价值：应用了被动式能量技术和采光设计的最新研究成果，着眼于建筑元素，在三个尺度上组织《太阳辐射·风·自然光：建筑设计策略》（原著第2版）的内容：建筑组团、建筑单体和建筑构件。把设计策略通过实例应用于现实生活和实际的设计手段。特征：109个分析技术和设计策略，超过750个图例和图表，同时给出了英制单位和国际单位。

20 《建筑与环境——生态气候学建筑设计》

（英国）大卫·劳埃德·琼斯，天津大学出版社2005，王茹、贾红博、贾国果译。

本书选用了44个最新完成的建筑范例，它们是当今具有生态环境概念的建筑的最佳范例。通常，人们认为"绿色"建筑是非主流建筑，而且耗资不菲，设计蹩脚。大卫·劳埃德·琼斯力图纠正这一错误认识。他引入"生态"观念来表达"绿色"的提法，以之形容那些从自然中获取灵感，并且以清晰的策略来减少对环境的破坏的建筑。他提示了环境问题如何成为建筑设计的核心，也讨论了环境与节能方式的结合怎样成为建筑设计所必须考虑的要点。

本书介绍性的章节循着生态设计在建筑史中的发展脉络娓娓道来，从查科文明的大地穴到现代主义大师的手笔，再到20世纪80年代的低耗能办公楼，向读者呈现了建筑与自然环境之间的关系。作为一名有经验的建筑师，大卫·劳埃德·琼斯讨论了当今建筑师所面临的绿色生态环境问题，以及建造可持续发展建筑的细节设计策略，包括有效地使用和管理能源、选择材料、建筑自动化控制系统的利弊以及设备对居住者健康和舒适度的影响。书中讨论的三个正在实施中的建设项目向读者指出了生态建筑未来的发展方向。

本书的主要章节展现了大量当代建筑实例，其间体现了多种多样的风格、尺度和功能，比如：写字楼的样式，它们突出展示了各种节能形式，像建筑外部的遮阳板、风塔、玻璃中庭和光电单元；还有用再生纸管建造的教堂；以及用木材建造的建于林间的博物馆等等。范例中配有大量插图，释文详细并附注释完整的设计方案与草图以及与技术核心有关的细节和数据资料。这是一本视野宽阔、内容翔实的书，是当代可持续发展建筑的及时而又具备多项用途的指南手册。书中配有324幅插图，其中210幅是彩色插图。

21《CFD与建筑环境设计》

（日本）村上周三，中国建筑工业出版社2007，朱清宇等译。

本书系统总结了在建筑环境工学中 CFD 技术应用的理论基础和应用方法。全书分为3篇。第1篇是关于 CFD 数值解析方法和湍流模型的基本原理论述，具有浓厚的教科书色彩。但是关于 CFD 的理论基础并没有全面地论述，而是以和建筑环境问题密切相关的湍流解析内容为主。在第2篇中，通过 CFD 和耦合解析方法分析了与居住环境相关的各种环境问题，介绍并解说了进行环境解析的思路和具体实例。第3篇是在建筑环境问题中 CFD 技术应用的集大成，论述了 CFD 作为设计技术的利用方法。在这里，特别阐述了 CFD 在建筑环境解析中增加自动反馈机构的新概念，并介绍了该概念在设计方法的利用实例。

五 城市规划（29）

1 《城市规划概论》

陈锦富，中国建筑工业出版社2006年出版。

当前高等院校本科教学改革的主要趋势是通识教育和专才教育相结合。在低年级阶段，对相近、相关专业开展通识教育，在高年级阶段，针对特定专业开展专才教育。《高校建筑学与城市规划专业教材：城市规划概论》正是为适应这一教学改革的需要，作为城市规划、风景园林、土木建筑、环境艺术、环境工程、公共管理等专业及其相近、相关专业的一门通识课程而编写的。内容涉及城市的形成与发展、城市规划的基本概念、城市规划的工作内容、城市规划的制定与实施管理及城市规划术语等方面。编者期望，有关学生通过对本课程的学习，能够对城市规划工作有一个基本、全面的认识和了解，并能将本课程的内容与各专业的特点结合起来学习，达到融会贯通的目的。为适应不同专业使用的需要，本教材采取了模块式的组成结构。第一章（城市的形成与发展）和第二章（城市规划的基本概念）为所有专业的必讲内容；第三章（城市规划的工作内容）是城市规划专业必讲的内容，而其他专业则可以在其中选择相关节讲授；第四章（城市规划的制定与实施）为城市规划专业与公共管理专业必讲的内容，而其他专业则可以在其中选择相关节讲授；第五章（城市规划术语）是城市规划专业必讲的内容，但其他专业可以在其中选择有关内容讲授。

2 《明日的田园城市》

（英国）埃比尼泽·霍华德，商务印书馆2010，金经元译。

埃比尼泽·霍华德（Ebenezer Howard，1850—1928）的《明日的田园城市》（*Garden Cities of Tomotrow*）是一本具有世界影响力、知名度很高的书。在它的影响下，英国于1899年建立了田园城市协会（Garden City Association），以后改名为田园城市和城市规划协会（Garden Cities and Town Planning Association），1941年改称城乡规划协会（Town and Country Planning Associfltion）。它曾被翻译成多种文字，流传全世界。田园城市运动也发展成世界性的运动。除了英国建设的莱奇沃思（IJetchworth）和韦林（Welwyn）两座田园城市以外，在奥地利、

澳大利亚、比利时、法国、德国、荷兰、波兰、俄国、西班牙和
美国都建设了"田园城市"或类似称呼的示范性城市。在当今的
城市规划教科书中几乎无不介绍这本名著。

3 《美国大城市的死与生》

（美国）简·雅各布斯，译林出版社2005，金衡山译。

自1961年出版以来，这本书即成为城市研究和城市规划领域
的经典名作，对当时美国有关都市复兴和城市未来的争论产生了
持久而深刻的影响。作者以纽约、芝加哥等美国大城市为例，深
入考察了都市结构的基本元素以及它们在城市生活中发挥功能的
方式，挑战了传统的城市规划理论，使我们对城市的复杂性和城
市应有的发展取向加深了理解，也为评估城市的活力提供了一个
基本框架。

4 《拼贴城市》

（英国）柯林·罗，中国建筑工业出版社2003，童明译。

详见专业书目二、城市设计4。

5 《城市文化》

（美国）刘易斯·芒福德，中国建筑工业出版社2009，宋俊岭译。

关于城市的具有里程碑意义的最优秀的文献，芒福德的照片
也被登在《时代》周刊的封面上。这本书就好比是一座伟大的城
市，蕴涵了各种能量、形象和活力，这是一部历史，是城市史的
政治宣言，也是关于城市和城市社会学的理论。芒福德论述的城
市史就是文明史，城市凝聚了文明的力量与文化，保存了社会遗
产。城市的建筑和形态规划、建筑的穹顶和塔楼、宽广的大街和
庭院，都表达了人类的各种概念。芒福德用建筑和艺术展现城市
的发展，首先关注的是社会问题，而不是美学问题。城市的基本
问题是城市是否满足人的基本需要，城市的设计是否促进人的步
行交通和人与人的面对面交流。芒福德在书中并没有介绍什么是
他心目中的理想城市，他揭示的是指导规划过程的社会性原则，
而不是作为一名专业规划师来讨论城市问题。对芒福德来说，城
市规划问题首先是价值问题。《城市文化》前四章关于历史的论述
成为日后《城市发展史》的基础，许多材料甚至还原样保存下来。

6 《现代城市规划》

（美国）约翰·M.利维，中国人民大学出版社2003，孙景秋等译。

系统全面地阐述了现代城市规划的原理与实务，总结了现代城市规划的发展历程，指出城市规划与政治、法律、社会和经济等各方面发展息息相关。本书最显著的特点在于：内容广博、完整，实践性强，有助于城市规划专业师生、实际规划人员、政府部门工作人员以及公众对现代城市规划的全面认识和理解。本书自1988年第一次出版以来已再版多次，每一版都适时增加了现代城市规划的最新发展文献和内容。该书是美国非常具有影响力的城市规划导论性经典教材。它关注由政治、社会和经济变迁引发的规划前沿问题，知识丰富，内容翔实，适合多层面读者的需要，堪称现代城市规划入门必读书。

7 《设计结合自然》

（英国）伊恩·伦诺克斯·麦克哈格，天津大学出版社2006，芮经纬译。

详见专业书目六、风景园林20。

8 《城市规划原理》

吴志强、李德华，中国建筑工业出版社2010年出版。

本书系统地阐述了城乡规划的基本原理、规划设计的原则和方法，以及规划设计的经济问题。主要内容分22章叙述，包括城市与城市化、城市规划思想发展、城市规划体制、城市规划的价值观、生态与环境、经济与产业、人口与社会、历史与文化、技术与信息、城市规划的类型与编制内容、城市用地分类及其适用性评价、城乡区域规划、总体规划、控制性详细规划、城市交通与道路系统、城市生态与环境规划、城市工程系统规划、城乡住区规划、城市设计、城市遗产保护与城市复兴、城市开发规划、城市规划管理。

本书为城市规划学科专业教材，也可作为建筑学专业及从事城市规划和建筑设计的工作人员参考。

9 《城市地理学》

周一星，商务印书馆1995年出版。

城市地理学是研究城市（镇）的形成、发展、空间结构和分布规律的学科。城市地理曾经是聚落地理学的一部分，城市地理学与这些学科有密切联系，它着重从空间观点研究个别城市或区域城镇体系的功能结构、层次结构和地域结构。城市地理学与经济地理学、社会地理学、人口地理学等关系密切，这些学科与城市地理学互为补充。城市是一种包含复杂物质要素、社会关系和活动内容的客体，对城市进行地理学研究始于19世纪。

10 《城市规划导论》

邹德慈，中国建筑工业出版社2002年出版。

全面概括了城市规划学科的主要内容。全书共分16章，其内容包括：综论；城市化与城市发展战略；城市空间形态与布局结构；城市中心与中心区规划；城市住区规划；城市景观与绿地系统规划；城市生态与环境规划；城市历史环境保护规划；旧城更新改建规划；城市交通发展战略与综合交通规划；城市基础设施工程规划；此外，《城市规划导论》还阐述了大城市规划、小城镇规划、城市规划的新技术运用、城市规划的实施管理以及城市规划的发展趋势与展望等。

11 《现代城市规划理论》

孙施文，中国建筑工业出版社2007年出版。

在对现代城市规划及其理论进行概说的基础上，本书的第二、第五部分，结合社会经济的历史发展详细介绍了现代城市规划的形成、发展和演变的历史进程，揭示了现代城市规划理论发展的基本脉络，并对当今城市规划理论的主要议题进行了深入阐述。本书的第三、第四部分，针对城市规划的对象和城市规划本身对城市发展、土地使用、城市形态以及城市规划的作用、规划类型、规划政策和规划评价等方面的理论作了较为全面的介绍，基本覆盖了现代城市规划理论的主要内容。

12 《比较城市化——20世纪的不同道路》

（美国）布赖恩·贝利，商务印书馆2010，顾朝林译。

通过世界不同国家和地区城市化过程的比较研究，认识到在20世纪快速城市化过程中，尽管城市化存在很多共性，但是城市化的道路却各不相同，差异化主要源于文化背景及发展阶段的不同，并产生了多样化的人类后果。

13 《城市形态》

（美国）凯文·林奇，华夏出版社2001，林庆怡译。

《城市形态》论述了城市形态的形成原因，以及什么样的城市形态是好的，在此基础上提出"标准理论"概念。这一概念是凯文·林奇提出的城市形态三个分支理论（规划决策理论、功能理论、一般理论）的综合。标准理论的特点在于将人的价值观融进对城市形态的探讨中，是"对恰当的城市形态及其原因的一套想法"。

通过比较分析城市空间形态政策与城市空间形态建成实际状况适合程度，寻找建成空间背后支持政策的种种目的和动机——价值标准及其划分。作者认为，决定城市空间形态的价值标准存在，并将其划分为五种类型。随后他进一步指出，在五种价值标准中，"具有强大作用的价值标准"与"隐性价值的价值标准与隐性价值标准"共同组成城市形态政策制定的核心目的——核心价值标准。

14 《城市意象》

（美国）凯文·林奇，华夏出版社2001，方益萍译。

详见专业书目二、城市设计6。

15 《共享空间——关于邻里与区域设计》

（美国）道格拉斯·凯尔博，中国建筑工业出版社2007，吕斌、覃宁宁、黄翊译。

此书是关于如何开发社区从而营造一个和谐的、可持续的空间环境来应对无序的、快速增长的城市。《共享空间：关于邻里与区域设计》为改造和恢复我们的邻里和城市提供策略，并主张

规划应该从整体上对社区的利益和要求进行深刻的讨论，提供了具有代表性的社区规划案例为研究对象。《共享空间：关于邻里与区域设计》还阐述了创造共享景观或社区更美好未来的设计与想象力的未来。这是一本权威而易读的图书，它能激发起市民们对社区美好未来的向往，是设计师、规划师、城市官员、开发商以及环境主义者不可多得的参考资料。

16 《交往与空间》

(丹麦)扬·盖尔，中国建筑工业出版社2002，何人可译。

详见专业书目二、城市设计13。

17 《人性化的城市》

(丹麦)扬·盖尔，中国建筑工业出版社2010，欧阳文、徐哲文译。

城市——如同书一样——是能够被读懂的。扬·盖尔深谙并熟知其中的语汇。街道、步行路、广场和公园都是城市的语法；它们提供这样的结构，不仅能使城市充满活力而且能使城市鼓励和容纳多样性的活动，从安静的、冥想的，一直到嘈杂的、忙碌的。

扬·盖尔对公共空间与市民社会之间的关系有着惊人的洞察，对这两者之间相互纠结的关系有着令人惊叹的理解。他对城市空间形态学及其运用的探究所达到的深度和广度，目前无人能及。任何人读了这本书，都会获得有价值的洞见。

18 《感知与意象——城市理念与形象研究》

闵学勤，江苏东南大学2007年出版。

本书以公众对城市的主观感知和符号意象为视角，以近50个国内国际都市为蓝本，详尽阐述了城市理念与形象建构的路径。本书强调人在城市中的主体地位，人的社会性、文化性、地域性、运动性以及个体性对城市多元的感知与意象，最终引导并决定了城市的发展方向。全书兼具理论和务实的特征，适合城市决策者、管理者、设计者以及城市经济与社会发展问题的研究人员和大中专院校的师生参考。本书是"城市策划丛书"之一，该书以公众对城市的主观感知和符号意象为视角，以近50个国内国际都市为蓝本，详尽阐述了城市理念与形象建构的路径。

19 《寻找失落空间——城市设计的理论》

（美国）罗杰·特兰西克，中国建筑工业出版社2008，朱子瑜等译。

详见专业书目二、城市设计17。

20 《街道的美学》

（日本）芦原义信，天津凤凰空间文化传媒有限公司2017，尹培桐译。

详见专业书目二、城市设计11。

21 《城市设计新理论》

（美国）C·亚历山大、A·安尼诺，知识产权出版社2002，陈治业、童丽萍译。

详见专业书目二、城市设计14。

22 《无边的城市——论战城市蔓延》

（美国）奥利弗·吉勒姆，中国建筑工业出版社2007，叶齐茂、倪晓晖译。

本书针对城市日益扩张的现状，指出造成这种现象的原因及其发展的过程，以及当前应采取的对策，使城市的发展走向未来。目前我国正在加快城市化进程，相信本书会给我们提供正反两方面的借鉴意义。作者对城市的蔓延从蔓延的概念开始叙述，通过时间的轴线娓娓道来，围绕对蔓延的争论、解决方案的寻找，对城市的未来给出了有用的建议。

23 《城记》

王军，生活·读书·新知三联书店2003年出版。

在完成本书写作的10年间，作者共采访当事人50余位，收集、查阅、整理大量第一手史料，实地考察京、津、冀、晋等地重要古建筑遗迹，跟踪北京城市发展模式、文物保护等专题作出深入调研。全书分为十章，从北京的现实入手，以五十多年来北京城营建史中的历次论争为主线展开叙述，其中又以20世纪五六十年代为重点，将梁思成、林徽因、陈占祥、华揽洪等一批建筑师、规划师的人生故事穿插其间，试图廓清"梁陈方案"提出的前因后果，以及后来城市规划的形成，北京出现所谓"大屋顶"建筑、拆除城墙等古建筑的情况，涉及"变消费城市为生产城市""批判复古主义""大跃进""整风鸣放""文化大革命"等历史时期。

与文字同样重要的是书中选配的三百余幅插图，不乏私人珍藏的照片及画作，如梁思成先生工作笔记中的画作和首次发表的梁思成水彩写生画。

24《区域城市——终结蔓延的规划》

（美国）彼得·卡尔索普、威廉·富尔顿，中国建筑工业出版社2007，叶齐茂、倪晓晖译。

本书描述了三种相关的现象：区域主义的出现、郊区的成熟以及旧城街区的复兴。每种现象都不是独立的，而是与另两种现象相关联的。

本书试图提出区域城市的框架，考察正在兴起的区域、正在展开的郊区以及得到更新改造的城区之间的关系。本书的第一部分"蔓延的终结"，提出了这种新都市形式的性质和原则。我们认为，不能用传统的城市和郊区的理论来解释"区域城市"，甚至也不能把新都市形式的原则解释为政治司法的汇编。必须从经济、生态和社会的角度把"区域城市"看成一个单元，它由街坊和社区综合而成，这些街坊和社区把大都市联合成一个整体。

25《生态城市60个优秀案例研究》

（西班牙）米格尔·鲁亚诺，中国电力出版社2007，吕晓惠译。

迄今为止，生态城市的发展还处于初级阶段，相关的文献报道较少。本书以简洁的方式对当前体现可持续发展的优秀案例进行分析，通过大量图表对60个精心挑选的设计方案进行分析，这些方案都是这个领域中最优秀的作品。

本书为建筑师、规划师、风景园林设计师或者广义上任何从事城市设计和规划领域的人员提供了基本参考。

26《街道与城镇的形成》

（美国）迈克尔·索斯沃斯、伊万·本-约瑟夫，江苏凤凰科学技术出版社2018，李凌虹译。

街道是为城市生活而搭建的公共框架，它们远不只是仅供车辆穿梭的交通通道，而是必须能够适应不同的使用者——行人、骑行者、出租车、公交车以及更多的使用者。尽管汽车主导着街道的设计，但这种主导必须权衡并臣服于其他共同享用街道的使用者的需求。

规划师和城市设计师们能够通过研究老城镇的传统街道式样学到很多东西。传统街道可以根据当前的需求进行保留和改造，它们能为新的街道设计方法激发灵感。街道建设的目标是创造出功能完备、适宜居住的街道，而且要使得这些街道关联所处的自然与历史背景，支持所处社区的社交生活，并且对使用者而言它们既舒适又安全。

27 《城市的胜利》

（美国）爱德华·格莱泽，上海社会科学院出版社2012，刘润泉译。

格莱泽教授带领读者穿越人类历史、游历世界各地，并将经济与历史完美对接，展现了城市存在的优势及其为人类提供的福祉。城市让人类变得亲密，让观察与学习、沟通与合作变得轻而易举，极大地促进了思想撞击、文化交流与科技创新；城市鼓励创业，带给人们前所未有的工作机会，使得社会的机动性和经济的灵活性得以发挥；城市中密集的高层建筑、发达的公共交通、缩短的空间距离大幅度降低了人均碳排量，实现了节约能源、保护环境的伟大目标；城市清洁的水源、良好的排污与完善的医疗系统等维护了人们的健康与安全，提高了人类整体的生活质量……

最后，格莱泽采用报告文学的独特形式，依次巡礼了"帝国之城"东京、"秩序之城"新加坡与哈博罗内、"智慧之城"波士顿与米兰、"消费之城"温哥华、"崛起之城"亚特兰大与班加罗尔……在令读者领略城市辉煌成就的同时，也提示了若干城市未来的发展方向。

28 《系统方法在城市和区域规划中的应用》

（英国）J.B. 麦克劳林，中国建筑工业出版社1988，王凤武译。

本书对如何应用系统方法进行规划资料的收集、规划预测、规划模拟、规划方案的量化评定以及规划的实施等做了比较完整的阐述。

29 《中国当代城乡规划思潮》

张京祥、罗震东，东南大学出版社2013年出版。

新中国成立尤其是1978年改革开放以来，中国政治、经济、社会的环境发生了巨大的变迁，相应对城乡规划思潮的产生与演变产生了深刻的影响。

张京祥、罗震东两位学者的专著《中国当代城乡规划思潮》将中国城乡规划思潮的演进置于这一宏大背景中予以研究，以重大发展时期的政治、经济、社会转型为序，将1949年以来中国的总体发展划分为4个时期，分别阐述了这些时期中城乡规划所面临的主要问题、主要的价值取向、主要的规划思潮等等，并试图给予这些城乡规划思潮以历史性的客观评价。本书最后提出中国所处的压缩城市化总体环境特征，以及本土规划思想理论建构的基本方面。

《中国当代城乡规划思潮》可供从事中国城乡发展研究、城乡规划研究与实践、城市地理研究等领域的学者，以及研究生或其他相关专业人员参考。

六　风景园林（23）

1 《园冶》

（明）计成（1582—1642），中华书局2011年出版。

　　《园冶》是中国历史上第一部全面系统地总结和阐述造园法则与技艺的著作，它从选址、规划与设计建筑物、叠山理水、铺装地面、选择石材和借景等方面对中国古代造园的各环节都做了深入具体的总结和阐述，集中体现了中国古人造园的智慧和艺术追求。书中提出的"虽由人作，宛自天开""巧于因借，精在体宜"的观点，深得中国古代造园理论之精髓。本书注释力求详尽、准确，译文流畅，点评独到，并配以精美插图，美文美图相得益彰。

　　《园冶》分为园说和兴造论两部分。其中园说又分为相地、立基、屋宇、装折、门窗、墙垣、铺地、掇山、选石、借景10篇。作者阐述了造园观点，绘制了235幅造墙、铺地、造门窗等图案。既有实践总结，也有对园林艺术的见解和论述。《园冶》为后世的园林建造提供了理论框架以及可供模仿的范本。同时《园冶》采用以"骈四骊六"为其特征的骈体文，在文学上也有成就。

2 《园林景观设计：从概念到形式》

（美国）格兰特·里德（1821—1881），中国建筑工业出版社2004版汉译本，郑淮兵译。

　　对于设计师来说，一个很令人头痛的事就是把概念转化为特定的、详细的空间组织形式。本书提供的一些生动、实用的技巧，能把这一转化过程变得更加容易，使之更富有成效。书中提供的方法在传统的和非传统的景观设计中得以印证，为设计思路和方案图提供了概念和哲学方面的基础。里德利用几何图形和自然图形画出最终的设计方案。

　　作者里德的这些设计手法，无论是对室内空间设计，还是室外空间设计，都饱含了引人注目的、有价值的、可操作性的闪光点。这本书成为了风景园林师、建筑师、景观规划设计师及相关学生的理想参考书。

3《图解思考》

（美国）保罗·拉索，中国建筑工业出版社2002版汉译本，邱贤丰、刘宇光、郭建青译。

详见专业书目一、建筑设计及其理论11。

4《风景园林设计要素》

（美国）诺曼·K.布恩，中国林业出版社1989年汉译本，曹礼昆、曹德鲲译。

《风景园林设计要素》一书用通俗易懂的语言和简练、明确的图面，全面、系统地阐述了园林规划设计的要理。译者忠于原著的构思和论证的逻辑性。充分地发挥了园林规划设计专业人员在翻译专业书籍方面的有利条件。这本书为我们从事这项工作的专业人员、业余爱好者，特别是初学者，但也不限于初学的人，提供了宝贵的参考资料，也促进了中美两国在风景园林的学术领域内的交流。

自麦克哈格将生态学思想运用到风景园林设计中，产生了"设计尊重自然"，把风景园林设计与生态学完美地融合起来，开辟了生态化风景园林设计的科学时代，也产生了更为广泛意义上的生态设计。生态学思想的引入，使风景园林设计的思想和方法发生了重大转变，也大大影响甚至改变了风景园林的形象。应用生态学原理，保护利用场地现有的自然生态系统；利用当地的乡土资源；尊重场所自然演进过程；基于生态调控原理，利用并再生场地现有的材料和资源；土壤的设计；以生态平衡、生物多样性为理论的植物配置的设计。

在风景园林设计中从生态因素方面对水的处理一般集中在水质的清洁、地表水循环、雨水收集、人工湿地系统处理污水、水的动态流动以及水资源的节约利用等方面。在风景园林设计中充分利用湿地中大型植物及其基质的自然净化能力净化污水，并在此过程中促进大型动植物生长，增加绿化面积和野生动物栖息地，有利于良性生态环境的建设。

5《风景园林设计》

王晓俊，江苏科学技术出版社2000年出版。

结合目前园林业发展的需要，在第1版的基础上增补编撰而成。该版本删减了部分陈旧的内容，补充了一些新的插图和实例，使内容更为精练、丰富和实用。全书共分7章，内容包括园林设计制图、平立面表示、透视和广义鸟瞰图画法、园林设计的基该方法、园林设计要素、设计实例等。全书共有插图约500幅，其中不少为精美的钢笔徒手线条图。本书可供高等院校风景园林及其相关专业的师生参考，也可供园林设计人员以及城市和建筑其他环境设计专业的有关人员参考。

6 《景观设计学——场地规划与设计手册》

（美国）约翰·O.西蒙兹（1913—2005），中国建筑工业出版社2000年汉译本，俞孔坚、王志芳、孙鹏译。

人们需要一本能用简洁明了且实用的术语勾画出场地规划过程的书，《景观设计学》正是针对人们的这一需求而撰写的。它使我们理解自然是一切人类活动的背景和基础；描述了自然和人造景观的形式、力量和特征引发的规划限制；向我们灌输了对气候的感觉及其在设计中的意义；讨论了场地选址和场地分析；指导可用土地及相关土地利用区的规划；考虑了外部空间的容积塑造；探讨了场地—建筑组织的潜力；寻找出富表现力的人居环境和社区规划及近代规划思潮的历史教训；提供了在城市和区域背景下，创造更有效且更宜人的生活环境的导则。

7 《人性场所：城市开放空间设计导则》

（美国）克莱尔·库珀·马库斯、卡罗琳·弗朗西斯，中国建筑工业出版社2001年汉译本，俞孔坚、孙鹏译。

这本书分为城市广场、邻里公园、小型公园和袖珍公园、大学校园户外空间、老年住宅区户外空间等部分，系统地阐述了城市空间设计的理论与实践。作者认为美学目标必须与生态需要、文脉目标和使用者三方面取得平衡并相互融合。

本书出色的地方是它关注了公共空间的各个层面，而不是一个层面，比如不是只有抽象的空间形态和比例的讨论，它还关注引导控制，不是只有设计师的形式、色彩、材料的视野，它还关注人的行为和活动，有相对完整的视野框架。而且不是一种完全的抽象理论纲领和愿景的书写，通过具体案例的讲述分析，对具体问题的批判和解决，梳理了各个层面，达成一种良好的理解的可能。

8 《大众行为与公园设计》

（美国）拉特利奇，中国建筑工业出版社1990年汉译本，王求是、高峰译。

看与被看成为场所设计的焦点，环境行为是整个设计思考的核心，提出了连接体系、袋状空间、看与被看、环形设计等新奇有趣的东西，文章富有情感和口头化，读起来轻松易懂，眼睛保健运动让人眼球一新，希望读者能够利用好这些建议观察人们的行为规律与结构。

"以人为本"需要设计师学会倾听使用者的需求。对于设计者而言，频访设计作品，去倾听使用者的呼声是必要的，而不是将注意力集中在同行们的评头论足，这种舍本逐末的孤芳自赏，无疑更加疏远了设计者和使用者本应默契的关系。现在我们在设计时，很多人是把过多的注意力放在了一些设计大师作品的模仿上，于是，就出现了"千景相似"的局面，这对于景观学科的发展非常不利。"以人为本"应该是以使用者为本，因此，我们的设计一定要考虑建成后人们的使用情况，因为，他们才是未来真正使用你这块场地的人。

9 《建筑空间组合论》

彭一刚，中国建筑工业出版社2008年出版。

详见专业书目一、建筑设计及其理论2。

10 《中国古典园林分析》

彭一刚，中国建筑工业出版社1986年出版。

在简要介绍中国古典园林历史发展沿革的基础上，突出强调中国造园艺术的基本特点：艺术地再现自然山水，并巧妙地把自然美和人工美结合为一体。此外，还联系到中国古代的哲学和美学观点，进一步论证了产生这一特点的思想和理论基础。

鉴于以往某些造园著述多着眼于用华丽的词句来描绘、赞扬我国古典园林的艺术成就，这些文章如果用来引导人们去欣赏古典园林，均不失为上乘佳作，但从借鉴的角度看，却不免有隔靴搔痒之感。为克服这一偏颇，《中国古典园林分析》则立足于运用建筑构图及近代空间理论的某些基本观点对传统造园手法作系统而深入的分析，这样，将可为从事城市规划、建筑设计及园林设计的建筑师提供有益的启示和参考。此外，还用适当篇幅来阐述南、北造园风格的差异，借此将会使读者进一步了解皇家园林和私家园林由于服务对象不同，所处地理、气候及环境条件不同而分别呈现出不同的性格特征。

11《外部空间设计》

（日本）芦原义信（1918—2003），江苏凤凰文艺出版社2017，尹培桐译。

日本著名建筑师芦原义信的作品，1975年由日本彰国社出版。芦原义信1942年毕业于东京大学，任东京大学教授，并开设有芦原义信建筑研究所。他曾主持设计了1967年蒙特利尔国际博览会日本馆、驹泽公园奥林匹克体育馆等建筑。1960年起，他即开始研究外部空间问题，为此曾两度到意大利考察。作者在书中通过对比、分析意大利和日本的外部空间，提出了积极空间、消极空间、加法空间、减法空间等一系列饶有兴味的概念；并结合建筑实例，对庭园、广场等外部空间的设计提出了一些独到的见解。全书共四章。

芦原义信革命性地提出"消极空间与积极空间"，以及"逆空间"的概念，并指出设计要将建筑没有占据的逆空间也给予同样程度的关心，即把建筑周围作为积极空间设计，或者说把整个用地作为一座建筑来考虑设计，这是外部空间设计的开始。

其次，提出建筑的"渗透性"，我将其理解为建筑与周边环境的协调能力。渗透性较强的有砖石结构、钢骨玻璃建筑或日本的木结构建筑，它们易于与环境融合；而渗透性弱甚至没有的如宗教建筑，本身就作为仪式性、宗教性极强的个体存在，与周边环境的关系成为次要矛盾。与其相关的，是建筑的"领域性"，渗透性强的建筑领域性弱，反之同理。

12《西方现代景观设计的理论与实践》

王向荣，中国建筑工业出版社2002年出版。

西方现代景观的产生和发展，有深刻的社会经济原因，涉及绘画、雕塑、建筑等其他艺术领域，范围也相当广泛。《西方现代景观设计的理论与实践》涉及的内容，从地域上看，包括欧洲和美洲两个大陆；从时间上看，跨越19、20世纪，直至21世纪初。《西方现代景观设计的理论与实践》用22万文字、约600幅珍贵的图片，首先简述了西方园林发展的历史和西方现代景观探索的过程，然后按地区和时间的先后介绍西方现代景观的产生和发展以及西方现代景观的主要流派，最后介绍西方景观设计某些方面的新发展。全书将各个单一现象联系在一起，把不同国家众多的设计思想、设计流派和设计师联系起来，构成西方现代景观设计产生和发展的脉络，成为读者了解西方现代景观的重要文献。

13 《苏州古典园林》

刘敦桢（1897—1968），中国建筑工业出版社2005年出版。

《苏州古典园林》是研究苏州园林的经典作品，是中国建筑史上的重要著作。全书共分总论和实例两部分。其中总论部分介绍布局、理水、叠山、建筑、花木等。实例部分共介绍15个园林实例。包含黑白照片约500张，墨线图300幅，文字约5万字。中国古典园林精华萃于江南，重点则在苏州，大小园野数量之多、艺术造诣之精，乃今天世界上任何地区所少见。东南最早私园为东晋苏州顾辟疆园。由于苏州具有经济、文化、自然等优越条件，因而园林得以发展。在长期封建社会中，苏州园林迭有兴废，至新中国成立后，始广为维修，累代名园遂双双复重丽。《苏州古典园林》适用于建筑、园林、环境艺术等相关专业人员。

14 《园林美与园林艺术》

余树勋，科学出版社1987年出版。

园林美是美化环境的一个重要内容，园林艺术是园林学体系中一个主干学科，也是一门研究园林创作理论的新学科。

本书的第一部分"美与园林美的探讨"，在简要介绍了美、美感、自然美之后，着重论述了园林美及其创造；第二部分"园林艺术"不仅总结介绍了我国有关造景、地貌改造、理水、植物布置、园林建筑布局和组合等传统部分，也吸取了外国近代相应的优秀部分。本书的一个主要特点是作者以其多年致力于此的研究成果，做了中西结合并论的阐述，确有独到见解。可供园林规划设计人员、园林绿化工作者和园林艺术爱好者阅读参考。

15 《交往与空间》

（丹麦）扬·盖尔，中国建筑工业出版社2002年汉译本，何人可译。

详见专业书目二、城市设计13。

16 《人性化的城市》

（丹麦）扬·盖尔，中国建筑工业出版社2010年汉译本，欧阳文、徐哲文译。

详见专业书目五、城市规划17。

17 《街道与广场》

（美国）克利夫·芒福汀，中国建筑工业出版社2004年汉译本，张永刚、陈卫东译。

主要阐述了城市设计中一些关键要素的作用和意义，检验了建筑物的布置方法，同时考虑内部空间和外部空间，推演出一个建成环境总体类型的理念，尤其着重讨论了街道与广场的形态与功能。克利夫·芒福汀的这本《街道与广场》对城市设计进行了详尽的分析，内容涵盖组成城镇和城市的街道、广场及建筑物，包括这些要素的布置、设计和细节，以及它们在城市规划中的作用。第二版的更新增加了讨论滨水面作为城市地区定义边界的章节，并分析了运河作为水路的功能。克利夫·芒福汀以从文艺复兴及现代理论中精选出来的城市设计构图规则为背景，从功能、结构和象征主义等方面探究了街道与广场，并在历史文脉中考察了许多优秀的案例。

18 《环境设计史纲》

吴家骅，重庆大学出版社2002年出版。

环境设计的起源，从空中花园的隐语到伊斯兰环境设计、古代东方与前哥伦布美洲的环境设计、西方文明与环境设计的理性化进程、近代景观设计思想的变迁（18世纪以后）、现代环境设计思潮（20世纪以后）。

该书作者是国内著名的艺术设计家，历时四年完成。内容涉及诸多领域，体现了作者具有该专业及其相关专业上较为扎实的基础。该书将"环境设计"纳入了历史、社会、政治、经济及人文、艺术等背景中进行讨论，具有视野宽阔、视觉新颖的长处，也使其所得出的观点趋于客观。该书图文并茂，内容精彩。

19 《总体设计》

（美国）凯文·林奇、加里·海克，中国建筑工业出版社1999年汉译本，黄富厢、朱琪、吴小亚译。

详见专业书目二、城市设计8。

20 《设计结合自然》

（英国）伊恩·伦诺克斯·麦克哈格，天津大学出版社2006年汉译本，芮经纬译。

本书在很大意义上扩展了传统"规则"与"设计"的研究范围，将其提升至生态科学的高度，使这真正向着多门综合性学科的方向发展。作者以丰富的资料、精辟的论断，阐述了与自然环境之间不可侵害的依赖关系、大自然演进的规律和人类认识的深化。作者提出以生态原理进行规划操作和分析的方法，使理论与实践紧密结合。书中通过许多实例，详细介绍了这种方法的具体应用，对城市、乡村、海洋、陆地、植被、气候等问题均以生态原理加以研究，并指出正确利用的途径。

21 《点起结构主义的明灯——丹·凯利》

夏建统，中国建筑工业出版社2001年出版。

本书是对丹·凯利的生平、主要作品、设计特点、思想和理念来分析。休·内维尔·简克博森评价说："人属于自然，丹·凯利以他罕见的设计天赋和对生活的热情让我们理解了这句话。"丹·凯利常常和建筑师合作，其作品常常体现和建筑空间的融合与协调，闪烁着理性主义的光辉，被称为"结构主义"大师。

22 《植物造景》

苏雪痕，中国林业出版社1994年出版。

本书论述了自然植物群落的组成成分、季相，自然植物群落的结构、垂直结构与分层现象，群落中各植物种间的关系等。这些都是植物造景中栽培植物群落设计的科学性理论基础。

本书对水体与植物的结合组景上，分别就湖、池、溪涧、泉以及堤、岛、水畔、水面的植物造景进行论述。关于艺术构图，适用植物种类以著名城市的名园为实例，作了生动的描述。本书对建筑与植物的结合组景上，强调了建筑与植物的结合要相互因借、相互补充；在形式、体量、色彩上相互协调，还具体到建筑的门、窗、墙、角隅的植物配植和造景手法。屋顶花园目前在我国仅个别公共建筑和少数饭店、宾馆有设置，本书简述了屋顶花园的植物配植。

23 《杭州园林植物配置》

朱均珍，城市建设出版社1994年出版。

是一本关于植物配置手法的书，指导园林相关从业者如何用好不同形态的植物素材来配置出美景。此书也细致地介绍了杭州园林植物的特征，图文并茂。作者曾说过植物配置艺术有它的艺术规律，也有它的相对独立性。必须根据地形、地貌与建筑、道路等统一考虑，进行总体规划，确定创作意图，再进行局部设计。

七 艺术史（25）

1 《中国绘画通史》

王伯敏，三联书店2008年出版。

迄今最完备、最全面、最具规模的一部关于中国绘画发展史的学术专著，论述了自原始时代以来中国绘画的发展历程，从古老的岩画到商周陶、玉、青铜器纹饰，从唐代敦煌壁画到元明清文人画，均对画事、画家及画作做了系统评价，涵盖卷轴画、岩画、壁画各领域。此版更增补了最新出土资料一百三十余处。

2 《滕固美术史论著三种》

滕固，商务印书馆2011年出版。

滕固是一位颇具成就的美术理论家，本书收录的《中国美术小史》《唐宋绘画史》是其代表作。而《唐宋画论：一次尝试性的史学考察》则是其就读于德国柏林弗里德里希·威廉大学（Friedrich-Wilhelm）哲学系所撰写的博士论文，是以"风格论"的方式来全面解读中国唐宋时期画论的作品。本书选取了滕固这三篇代表作，较为全面地呈现了他关于中国美术史的研究成果。

3 《中国山水画史》

陈传席，天津人民美术出版社2001年出版。

作者欲重新展现我国传统文化的总体价值及内涵，而广道美术之建筑、雕塑、绘画、工艺诸科，则笔墨易散，是故用以山水画为切入之点，此所以有《中国山水画史》也。学界同仁谓作者首创分科画史，其时作者全无意于此之首也。

4 《中国绘画的历史与审美鉴赏》

邵彦，中国人民大学出版社2000年出版。

该书系"高等学校美育教材系列"之一种，由著名中国美术史专家、中央美术学院博士生导师薛永年教授主编。书中以丰富的图例展示了中国绘画历史的辉煌与神韵，作者以流畅优美的文字分析了各种绘画名作的独特技艺和丰富生动的意象中蕴藉的精神情感，深刻揭示了中国绘画艺术的审美特质。

5 《林泉丘壑：中国古代的画家与绘事》

尚刚，北京大学出版社2018年出版。

中国古代绘画精妙之极，也丰富之极。本书虽篇幅短小，但暗含画史脉络，深具辞书绵密。作者分二十六题，以轻松的笔法、隽永的文字，将中国古代画家和他们生活的世界做了简切的勾勒，以引领读者登堂入室，亲近富有人格魅力的绘画大师，领略中国绘画的烟霞丘壑，感受中国古代的艺术精神。

6 《中国书法简史》

王镛，高等教育出版社图书发行部（兰色畅想）2004年出版。

《中国书法简史》从书法历史的角度出发，较为全面地阐述了书法艺术的渊源及发展流变。在传统书法史构架的基础上，补充了大量的考古新材料、吸收了最新的学术研究成果。作者力图以追摹历代书迹的真切体验去阐释中国书法的心灵境界，以内在的艺术规律为脉络去梳理书法艺术现象，并通过最新、最全面的书法史料去寻求对于书法历史和书法传统的完整性观照。

《中国书法简史》体例规范、重点突出、语言简练笃实，是一本极富可读性的中国书法简史。适合于美术及书法专业本专科、高职高专及广大书法艺术爱好者。

7 《美术史十议》

（美国）巫鸿，生活·读书·新知三联书店2008年出版。

在《读书》杂志所开设的"美术纵横"专栏，作者发表了一系列文章，就美术史何以成为问题、如何拓展其思考路径、这一问题所置身的波澜壮阔的当代人文场景等等，提纲挈领地阐述了个人的见解。

对美术的历史物质性的研究不仅仅是对一件作品原始创作状况的重构，而且也应该是对它的形态、意义和上下文在历史长河中不断转换的追寻。需要强调的是：这种"历史物质性"的转换并非是少数作品的特例，而是所有古代艺术品必定经历的过程。

8 《画家生涯》

（美国）高居翰，生活·读书·新知三联书店2012年出版，杨贤宗、马琳、邓伟权译。

本书为"高居翰作品系列"第五册，也是中译本的首次面世，主题讨论中国古代画家，尤其是元、明、清晚期画家的工作与生活。高居翰在这本书中，试图打破文人画家"寄情笔墨、自书胸臆、不食人间烟火"的神话，从实际的社会生活层面，考察了不同阶层画家的状态，他们如何将作品作为社交的礼物与应酬，如何通过卖画来养家糊口，如何苦于画债繁多而草草了事或雇佣助手，而对赞助人、收藏家和顾主来说，他们如何从画家手中取得作品，他们的希冀和要求对画家创作能起多少权重，他们如何判断获得是一张应酬之作，还是一幅真正有艺术价值的作品……总之，在出自文人之手的主流撰述之外，高居翰通过搜集大量信笺、笔记、题跋等容易被忽视的材料，向读者展开了一幅自宋末以后，随着商业繁荣、社会中对绘画需求增加，画家们在不同层面谋生与创作的生动场景，使我们更充分地了解和考虑到一幅作品创作的原初情境，从而重新调整对艺术风格、品评标准的看法，令人读来耳目一新，是同类书市场中难得而重要的学术普及读物。

9 《如何读中国画》

（美国）何慕文、石静，北京大学出版社2015年出版。

中国赏鉴书画的方式被称为"读画"。那么我们如何去读一幅画作呢？绘画艺术是一种视觉语言，仅靠文字不足以充分传达出画作所呈现的意境。《如何读中国画》一书，力图通过对36幅美国大都会艺术博物馆典藏的绘画和书法作品的视觉解析，以揭示其成为杰作的缘由。

何慕文先生以博雅而通俗的文字，深入探讨每幅作品的丰富意蕴。在他的叙述中，风格、技法、象征、传统、史实和画家的个人背景，都对作品的解读有重要作用。作品选择上，时间跨越千年：从8世纪到17世纪；题材涵盖广泛：从山水画、花鸟画、人物画，到宗教绘画和书法作品。所有这些都说明中国书画家有着同一个创作主旨：不仅要传"真"，捕捉物的外貌，更要传"神"，表达其内涵。作者以大量的彩色局部详图伴以翔实的解说，带领读者深入到每幅作品最重要的层面来赏析。

作者以图文相结合，逐步展示中国画的多种主题和特征。"读"一幅中国画就如同在与历史对话。细细阅读一幅画卷或一本图册，人们共享了一种重复了几百年的私密体验。正是通过这样一次又一次的阅读，作品的内涵得以逐渐被揭示出来。

10 《中国近现代美术史》

阮荣春、胡光华，天津人民美术出版社2005年出版。

《中国近现代美术史》以图文并茂的形式介绍了中国近现代美术史，包括：中国美术的近现代化、中西美术的混流、现实主义美术的鼎盛等。读中国近现代美术史，让人不得不振奋一心。美术，不是单纯的动手画画而已，或许在某种程度上，应该称为思想上的探究。

11 《并非衰落的百年》

万青力，广西师范大学出版社2008年出版。

有学者认为，从19世纪以后，绘画在中国不断重复，已耗尽创造力。本书所提供的，是一个不同的答案。

万青力教授倾十数年之力完成大作《并非衰落的百年》，提议"从中国出发来看中国绘画史"，并由之重建19世纪中国绘画史，不仅填补了历史的空白，也给学术界以新的启迪，同时备受艺术、收藏、博物馆各界关注。

全书十万字，四百余幅精彩图像，探源发微，揭示出在历史蜕变、观念变革、社会转型以及市场主导下，19世纪绘画的多元多样的演变轨迹，为20世纪中国绘画的变因找到了历史渊源。

12 《20世纪中国艺术与艺术家》

（英国）迈克尔·苏立文，上海人民出版社2013年出版，陈卫和、钱岗南译。

迈克尔·苏立文教授熟识1930年代到1940年代中国现代艺术运动中许多重要的中国艺术家，并且得到了1979年以来那些声名鹊起的年轻艺术家的信任。他是20世纪中国艺术的目击者，也是最早和最持久地向西方世界介绍中国现代艺术的研究者。

《20世纪中国艺术与艺术家》是苏立文教授毕生心血所在，用丰富的文献和生动的语言，描绘了20世纪中国艺术在西方艺术和文化影响下的新生。作者在中国紧张压抑与自由舒放、绝望与希望的双重语境下，讨论艺术家及其作品，卓越地传达了中国文化史与艺术，在20世纪盘根错节的各种力量的纠缠中的各色形态，以及偶尔异乎寻常的怪诞。其中包括传统派与革新派的激烈争辩、首批艺术学校的创建，以及振聋发聩的新观念的诞生，艺术是一种世界语，而那些新观念超越了民族优越感所形成的隔阂。中国古典文人画传统、对西方现代主义的再发现、共产主义影响之下的艺术巨变，以及对于艺术核心价值的再思考等等问题，一一纳入了苏立文教授这部迷人的著作之中。

13 《美术、神话与祭祀》

张光直、郭净，生活·读书·新知三联书店2013年出版。

作者一向主张对古代中国的研究要跨出传统的专业局限，从史学、考古、美术史、古地理学、思想理论等方面进行跨学科的整合，而此书正是他本人所做的一次最彻底的试验。本书利用考古学、人类学、历史学和神话学的各种材料，对中国文明的起源和它早期的特征作了精辟的阐述，可以看作是作者一生研究古代中国的综合性成果。近三十年来，先后有英、中、日三种文字的译本在世界各地流传。

14 《艺术的故事》

（英国）贡布里希，广西美术出版社2008年出版，范景中译。

概括地叙述了从最早的洞窟绘画到当今的实验艺术的发展历程，以阐明艺术史是"各种传统不断迂回、不断改变的历史，每一件作品在这历史中都既回顾过去，又导向未来。"

继1997年三联版《艺术的故事》后，英国费顿出版社授权广西美术出版社独家出版，也是国内唯一合法授权的版本。

15 《加德纳艺术通史》

（美国）弗雷德·S.克莱纳，湖南美术出版社2013年出版，李建群等译。

著名学者海伦·加德纳的《世界艺术史》自1926年首次出版以来，因广受好评而不断再版，成为读者最多、流传最广的英文艺术史书籍。同时还被美国许多大学选为艺术史专业的教材，《加德纳艺术通史》又是一本颇具权威的艺术通史类教科书。该书遵循加德纳的基本框架，以"全景化"的视角来阐释艺术发展的主旨，内容从史前到20世纪的后现代主义艺术，涉及绘画、雕塑、建筑、设计、摄影及工艺美术等多个艺术门类，体现出权重

平衡的整体观和客观性。在全面的基础上，加德纳艺术通史还注重图像完整的历史与文化背景，以及它在过去和现在的不同学术地位，为相关专业的学生、老师以及有这方面兴趣的人士提供了更多的帮助。相较之前的各种版本，本书新增了丰富的图像与文字资料，并且图像和翻译的质量也有大幅提高。

16 《詹森艺术史》

（美国）H.W.詹森，世界图书出版公司2013年出版，艺术史组合翻译实验小组译。

本书是一部艺术通史著作，聚焦从史前直到20世纪末的西方艺术。该书英文原版自1962年出版以来，迅速占据最畅销艺术史书籍的位置，成为西方大学艺术史课程的标准教材。

本书以时间为框架，分为古代世界、中世纪、从文艺复兴到洛可可，以及现代世界四个部分，以各个时段的代表艺术品和艺术家为重点，阐释了艺术风格及其演变的历史。此外，书中穿插了六个学习板块，补充介绍了背景知识、艺术家的创作技法、艺术史家的研究方法以及大量的历史文献等相关知识，并有章末小结梳理各章重点。全书配有1450余幅插图，每幅作品都经过了调色或专业审核，确保忠实原作，是了解学习西方艺术史的最佳书籍。

本书是该经典著作的第七版，内容上较之前版本有很大扩充，除了包含传统的绘画、雕塑和建筑之外，摄影和工艺美术等门类也得到了足够的重视。此外，本版还顺应了当代学术思想的发展潮流，扩充了对女性艺术家、当代艺术和文化多元论等当代议题的论述。

17 《美的历史》

（意大利）翁贝托·艾柯，中央编译出版社2007年出版，彭淮栋译。

一本"有图为证"的著作，全书做多层次布局，以主叙述带出源源不绝的绘画、雕刻作品，并长篇征引各时代的作家与哲学家，书前附上多页依时代顺序安排的图片对照表，使自古以来的对于"美"的观点之演变史一目了然。借由本书，艾柯带我们一步步穿过许多历史时代，从古典以至当代，一路破除成见，打开新视角，来到今天的审美观：今天的审美世界是一个宽容、综纳百川的世界。

这部极度精美、分量十足的作品，提供读者多层次的路径，包括流动的文字记叙、绘画与雕刻等丰富的例证，另也将每个时

代的作家、哲学家所摘选以及比较的说明内容收录其中。对读者
而言，此书犹如一部美的概念的指引地图，引人惊奇地走入一趟
趟精彩的旅行。

18《丑的历史》

（意大利）翁贝托·艾柯，中央编译出版社2010年出版，彭淮栋译。

丑是什么？丑只是美的反面吗？丑的范畴有哪些？继全球惊
艳的《美的历史》之后，博学大师艾柯再推《丑的历史》，以丰
富的图文资料与独特的见解深度剖析世人对"丑"的成见，颠
覆传统审美观，形成一部异彩纷呈的审丑观念史。他亲自保证：
"《丑》比《美》更精彩。"

艾柯为《美的历史》撰写的这部姊妹篇既是对视觉的冲击，
也是对思维的挑衅。艾柯尝试把丑作为历史和文化批评的一部分
做进一步的分析，呼应上一次的寻美之旅。这种兼收并蓄的研究
别具一格，必将吸引文化和艺术史学者以及一般读者对这个颇受
冷落的主题产生兴趣。

19《无限的清单》

（意大利）翁贝托·艾柯，中央编译出版社2013年出版，彭淮栋译。

博学大师翁贝托·艾柯继《美的历史》《丑的历史》之后，
最新推出的美学研究重量级作品。艾柯受卢浮宫邀请策划了一系
列展览等活动，并完成这本关于"清单"的图文专著。书中探讨
了艺术、文学、音乐、建筑等领域出现的"实用清单""诗性清
单""既实用又具诗性的清单"存在的意义与功用。艾柯将带领
我们欣赏那些在阅读文本或观赏画作时常常忽略，甚至厌恶的清
单——有限的清单、无限的清单；名字清单、图像清单、地名
清单、属性清单；混乱的清单、令人晕眩的清单、非正常的清
单……寻找清单的本质。

清单，就像有人喜欢足球或有恋童癖一样，人各有癖好。
清单是文化的根源，是艺术史和文学史的组成部分。清单并不
破坏文化，而是创造文化。无论看哪里的文化史，你都会发现
清单。

20《新艺术的震撼》

（美国）罗伯特·休斯，理想国 | 中国美术学院出版社2019年出版，欧阳昱译。

由BBC制作的电视纪录片《新艺术的震撼》首播于1980年，全球观看人数超过2500万，被誉为"纪录片拍摄技艺与主持人叙事魅力的完美结合"。同名图书甫一出版，即成为20世纪八九十年代院校师生和文艺爱好者理解西方现代艺术的入门读本。

书中以八个理解现代艺术的重要主题为框架，多维角度勾画出西方艺术的百年流变——1780年的异域情调，如何成为1880年的新鲜论调，又何以沦为1980年的陈词滥调。作者以犀利精妙的笔触，探求艺术更为完整的真实。

21《摄影简史》

（英国）伊安·杰夫里，生活·读书·新知三联书店2002年出版，晓征、筱果译。

作者在这部《摄影简史》里直接切入摄影师和作品。它不是对时间、事件、人物的全纪录，而是一部关于摄影史的简单评论。它解释了我们判定一张照片好坏的依据，用摄影的方式记录画面有什么特殊之处，一张照片的精华在哪里，以及摄影与其他艺术形式的关系。借助于从摄影之父福克斯·塔尔伯特到当代摄影大师的范例，这种出色的研究为人们在评论方面提供了指南。

22《外国美术史简编》

张敢，高等教育出版社2008年出版。

高等院校美术和艺术设计专业的必修课教材。以时间为主线，全面系统地介绍了东西方主要文明中绘画、雕塑和建筑的风格发展与变化。

全书共分13章。分别介绍了史前美术、古代两河流域的美术、古埃及美术、爱琴美术与古希腊美术、伊特鲁里亚与古罗马美术、早期基督教美术和拜占庭美术、中世纪美术、意大利文艺复兴美术、北欧文艺复兴美术、巴洛克和罗可可美术、19世纪欧洲和美国美术、20世纪欧洲和美国美术以及亚洲、非洲和拉丁美洲的美术。每章均对时代特征与风格、代表艺术家及其代表作品进行了全面、客观的分析，同时考察了各个时期之间的相互影响和关联。《外国美术史简编》在编写过程中参考了国外权威美术史教材，内容翔实。在图片的选择上，注意选取最能体现时代风尚和艺术家风格的作品，有助于读者对美术风格有全面深入的理解。

《外国美术史简编》可供高等院校本、专科美术专业和艺术设计专业师生使用，也可供成人教育及广大美术爱好者使用。

23 《中国美术史讲座》
李霖灿，广西师范大学出版社2010年出版。

李霖灿先生曾经担任台北故宫博物院副院长，作为一位有四十余年馆龄的老馆员，他潜心研究中国美术多年，又在台湾大学讲授"中国美术史"二十载。他不断地补充及修正教材，以其幽默风雅的讲述引领了无数人走进艺术殿堂。这份精彩绝伦、活泼生动的文字与图片曾连载于台湾《雄狮美术月刊》，备受好评。本书即是根据李霖灿先生上课讲稿整理编成的，分为二十九个单元，大体以时代为序，以类别为纲，以历代绘画为主调展开论述，对于玉石、雕塑、书法、铜器、陶瓷的论列亦精辟独到。

24 《中国艺术》
（英国）柯律格，上海人民出版社2013年出版，刘颖译。

这本书是对传统艺术史的巨大挑战，文辞优美，充满智慧。——曹意强（中国美术学院艺术人文学院院长）

中国的艺术历史悠久且门类众多，但如此丰厚的传统以往并未获得西方学者足够的理解，比如他们多聚焦于欧洲文化所看重的绘画和雕塑，而忽视了像书法这类非常重要的艺术形式。这一情形近来才有所改观，柯律格的《中国艺术》正是该领域突破性的成果。

作者指出，任何关于"中国艺术"的定义都存在诸多的异常现象和内在矛盾。因此，他反对从既定的概念出发，他要追问的是：古代中国的"艺术"究竟为何物？它们是在何时，又是怎样成为"艺术"的？《中国艺术》关注的作品有的在创作的当时就已被视为艺术品，而另一些作品的艺术身份则是后来的时代所强加的。有别于一般艺术通史以时间为序的写法，柯律格将中国艺术放在更为宽广的历史文化背景中，划分为陵墓艺术、宫廷艺术、寺观艺术、精英分子的艺术，以及在市场中买卖的艺术等不同形式，加以多种语境的考察。这部讲述从新石器时代到20世纪

70年代中国艺术的著作，从独特的视角，重新盘整了中国艺术史的脉络，并生发出诸多新的学术课题。

25 《杜尚访谈录》

（法国）皮埃尔·卡巴纳，广西师范大学出版社2001年出版，王瑞芸译。

杜尚（Marcel Duchamp，1887—1968），出生于法国，1954年入美国籍。他的出现改变了西方现代艺术的进程。可以说，西方现代艺术，尤其是第二次世界大战之后的西方艺术，主要是沿着杜尚的思想轨迹行进的。因此，了解杜尚是了解西方现代艺术的关键。

这本书是法国艺术评论家卡巴纳在1966年对杜尚唯一一次访谈的归总。杜尚一生除了写过一本棋书外从未著书立说，但在这本书中，他在卡巴纳提问的循循善诱下愉快地讲述着围绕自己生活的方方面面，他的言谈如偈语般简洁而充满智慧。杜尚从未想以自己对艺术观念的撼动来竖立自身在艺术史上的显要地位，而恰恰是他的举重若轻成就了他人生的精彩与宽阔。他呈现给我们的是人之为人的自由之可贵，生命的质感在字里行间闪光。

拓展
书目

小说

散文

诗歌

戏剧、童话等其他文学体裁

经典文集

文学、艺术、教育与理论

古籍经典

心理学、励志

科技、经济

一 小说（60）

1 《红楼梦》

（清）曹雪芹（约1715—1763），人民文学出版社1982年版。

　　《红楼梦》，中国古典四大名著之一，清代作家曹雪芹创作的章回体长篇小说。《红楼梦》原名《石头记》，是中国古代长篇小说的高峰。全书120回，前80回是曹雪芹所作，后40回据说由高鹗续写。

　　《红楼梦》是一部中国封建社会末期的百科全书；小说以上层贵族社会为中心图画，极其真实、生动地描写了18世纪上半叶中国封建社会末期的全部生活，是这段历史生活的一面镜子和缩影，是中国古老封建社会已经无可挽回地走向崩溃的真实写照。《红楼梦》以贾宝玉、林黛玉、薛宝钗之间的恋爱婚姻悲剧为主线，描写了以贾家为代表的四大家族的兴衰，揭示了封建大家庭的各种错综复杂的矛盾，表现了封建的婚姻、道德、文化、教育的腐朽与堕落，塑造了一系列贵族、平民以及奴隶出身的女子的悲剧形象，展示了极其广阔的封建社会的典型生活环境，曲折地反映了那个社会必然崩溃、没落的历史趋势。作品还歌颂了贵族的叛逆者和违背封建礼教的爱情，体现出追求个性自由的初步的民主主义思想，并深刻而全面地揭示了贾、林、薛之间爱情婚姻悲剧的社会根源。但由于历史的局限，作者在写出封建大家族没落的同时，也流露出惋惜和感伤的情绪，蒙有一层宿命论和虚无主义的色彩。

2 《儒林外史》

（清）吴敬梓（1701—1754），人民文学出版社1958年版，张慧剑校注。

　　《儒林外史》是一部主要写知识分子的小说。在此之前，明人小说中也出现了知识分子形象，但是千人一面、千部一腔、单调俗套。《儒林外史》的问世，打破了这种格局，第一次塑造了众多个性鲜明的知识分子形象。

　　讽刺是《儒林外史》的最大艺术特色和成就所在。皓首穷经的周进因不能入贡院考试，一头撞在贡院板上几乎丧命；严监生临死时伸出两个指头不肯断气，只为多燃了一根灯芯；胡屠户在女婿范进中举前后前倨后恭；王惠出任南昌太守，一心想的是"三年清知府，十万雪花银"，到任不久，衙门里便到处响起"戥子声、算盘声、板子声"；匡超人向牛布衣吹嘘他编的文章风行全国，北五省读书人的书案上都供奉着"先儒匡子之神位"，牛布衣马上揭露他说，先儒应是去世之儒，匡超人顿时露了馅。在这里，吴敬梓讽刺的不仅仅是具体的人或事，其笔锋指向士人的功名利禄观念、当时的官僚制度、人伦关系及整个社会风气，不愧为中国文学史上前无古人的长篇讽刺小说。

3 《三国演义》

（明）罗贯中（约1330—约1400），人民文学出版社1990年版。

《三国演义》是我国第一部白话长篇历史演义小说。它取材于陈寿的《三国志》和裴松之的《三国演义注》，描写了三国时期变幻莫测的政治、军事和外交斗争，总结了各个集团成败的经验，强调了争取人心、延揽人才、重视谋略这三大要素的极端重要性。

书中有名有姓的人物多达900多个，是我国古典小说中描写人物最多的一部，其中尤以曹操、诸葛亮、关羽、张飞、周瑜、鲁肃等人写得最成功。作品用半文半白的语言写成，"文不甚深，言不甚俗"，简洁明快，雅俗共赏，历来为人称道。

《三国演义》问世以后，出现了多种刻本。清初毛纶、毛宗岗父子在旧本基础上整顿回目，修正文辞，削除论赞，增删琐事，改换诗文，成120回本，300多年来毛本成为最流行版本。现在我们所见《三国演义》在卷首引用的"临江仙"的词就是毛宗岗加入的："滚滚长江东逝水，浪花淘尽英雄。是非成败转头空：青山依旧在，几度夕阳红。白发渔樵江渚上，惯看秋月春风。一壶浊酒喜相逢。古今多少事，都付笑谈中。"

4 《世说新语》

（南朝宋）刘义庆（公元403—444），四部丛刊本。

《世说新语》是刘义庆主持撰写的一部笔记小说，因为它主要记载两汉魏晋时代一些人物的轶闻琐事，与志怪相对，因此鲁迅称之为"志人小说"。

全书分为"德行""言语""政事""文学"等36个门类，都是关系"人"的品行、个性、素养、气质、道德、才能等诸般品质的。涉及人物有帝王将相，如曹操，更多的则是各朝名士，如李膺、陈蕃、何晏、阮籍、嵇康、王羲之等，还旁及名媛闺秀、道流沙门等，重要人物不下五六百人。时间跨度久远、描写人物众多，加上含蓄凝炼、清新隽永的笔触，真是异彩纷呈，"使人应接不暇"。

《世说新语》还因为展开对人个性的全面描写而在中国小说史上占有重要的地位。它不仅开创了"志人"这一文言小说流派，还以玄远隽永的叙事语言、生动传神的白描手法为《三国演义》《水浒传》《儒林外史》《红楼梦》等白话长篇小说提供了艺术经验。

5 《西游记》

（明）吴承恩（约1500—约1582），人民文学出版社1980年第2版。

《西游记》是中国古典四大名著之一，是由明代小说家吴承恩所创作的中国古代第一部浪漫主义的长篇神魔小说。其主要描写了唐朝太宗贞观年间孙悟空、猪八戒、沙僧、白龙马四人保护唐僧西行取经，沿途历经磨难（连同唐僧出生到取经前的磨难共九九八十一难），一路降妖伏魔，化险为夷，最后到达西天，取得真经的故事。

唐僧是取经队伍的首领。但孙悟空才是小说真正的主人公，也是整部小说最令人钦佩的光彩照人的形象。他勇敢无畏，忠诚而机灵，乐观而诙谐，既敢向天上神权挑战，又敢与地上恶魔争高下，表现出英雄本色。英国著名汉学家韦理1942年的译本将《西游记》译为《猴》，这个译名在西方非常通行。捷克译本译为《猴王》，波兰译本译作《猴子造反》。由此可见，孙悟空这个伟大的艺术形象在世界人民心中都留下了深刻的印象。

《西游记》是我国文学史上一部最杰出的充满奇思异想的神魔小说。作者吴承恩运用浪漫主义手法，翱翔着无比丰富的想象的翅膀，描绘了一个色彩缤纷、神奇瑰丽的幻想世界，创造了一系列妙趣横生、引人入胜的神话故事，成功地塑造了孙悟空这个超凡入圣的理想化的英雄形象。在奇幻世界中曲折地反映出世态人情和世俗情怀，表现了鲜活的人间智慧，具有丰满的现实血肉和浓郁的生活气息。《西游记》以它独特的思想和艺术魅力，把读者带进了美丽的艺术殿堂，感受其艺术魅力。

6 《聊斋志异》

（清）蒲松龄（1640—1715），人民文学出版社1989年《全本新注聊斋志异》本。

《聊斋志异》简称《聊斋》，俗名《鬼狐传》，是中国清代著名小说家蒲松龄创作的文言短篇小说集。全书共有短篇小说491

篇。题材广泛，内容丰富，艺术成就很高。作品成功地塑造了众多的艺术典型，人物形象鲜明生动，故事情节曲折离奇，结构布局严谨巧妙，文笔简练，描写细腻，堪称文言短篇小说的巅峰之作。

蒲松龄在科举求功名的道路上是个伤心人，他以惊人的毅力一直考到60岁左右，仍未中举。不能不感叹"天孙老矣，颠倒了天下几多杰士""仕途黑暗，公道不彰"，《聊斋志异》是他的孤愤之作。

《聊斋志异》反映了广阔的现实生活，提出许多重要的社会问题，表现了作者鲜明的态度。它们或者揭露封建统治的黑暗，或者抨击科举制度的腐朽，或者反抗封建礼教的束缚，具有丰富深刻的思想内容。它代表了中国古典文言小说创作的最高峰，它发展了以干宝《搜神记》为代表的六朝志怪小说，具有幽愤深广的内容和令人百读不厌的艺术魅力。它的许多故事如《婴宁》《劳山道士》《画皮》《小翠》《促织》等几乎妇孺皆知。

7 《镜花缘》

（清）李汝珍（约1763—约1830），人民文学出版社1955年版，张友鹤校注。

《镜花缘》是一部长篇神话幻想小说。作品前半部写武则天令百花寒冬齐放，众花神被迫遵命，但开放后即遭天谴，贬谪人间变成百位女子。百花仙子托生唐敖家为女，名唐小山。唐敖赴京应试中探花，后被革去功名。唐敖心情郁闷，随妻弟林之洋出海游历30多国，后入蓬莱求仙不返。唐小山出海寻父，在小蓬莱山得父信而归。作品后半部分写武则天开设女试，录取100位女子，她们都是被谪花神，及第后连日宴饮游戏。小山看破红尘，重入仙山。

从全书的内容来看，作者是个博识多通、"于学无所不窥"的人。小说的前半部分是精粹所在，唐敖游历的君子国、女儿国、黑齿国、三首国、无肠国等国的名称大都依据《山海经》的记载。《山海经》文字十分简略，《镜花缘》借它作引子，极力扩张了古人的幻想，也表达了作者自己的政治、社会和文化理想。

小说把妇女当作主角来描写，模糊地提出了男女平等的要求，这在我国古典小说中还是破天荒的头一次，是难能可贵的。

8 《家》

巴金（1904—2005），人民文学出版社1953年版。

《家》《春》《秋》这三部长篇小说合称激流三部曲，故事前后衔接，描绘了一个传统大家庭没落分化的过程。《家》是"激流三部曲"中成就最高的一部，作者以五四运动为背景，写出了高家两代知识分子的形象，表现了他们在五四运动推动和影响下不同程度地觉醒和反抗。小说在艺术上继承和发扬了我国古代小说尤其是《红楼梦》创作的现实主义的优良传统，着力描写大家庭的婚、嫁、生、丧等日常生活，通过日常生活来刻画人物，成功地塑造了觉慧这个叛逆者的形象，他身上鲜明地体现着反传统的时代精神。

小说抒情色彩浓烈，心理描写细腻，增强了动人心魄的悲剧效果和艺术感染力。这部作品自1931年问世以来，产生了广泛而积极的社会效果，享有很高的国际声誉。

9 《骆驼祥子》

老舍（1899—1966），人民文学出版社1962年第2版。

小说围绕人力车夫祥子"买车，卖车，三起三落"的经历，通过祥子与各种社会力量之间复杂关系的生动描绘，层层深入地揭示了这个纯朴美好的劳动者逐渐丧失生活理想、精神毁灭、人性异化以致堕落的悲剧，否定了祥子最后选择的"个人主义的末路鬼"似的道路。祥子的悲剧，既是社会造成的，又在一定程度上反映出国民性格中的某些弱点。

小说语言朴实平易，令人于朴素中见优美，简洁中见含蓄。此外，老舍这位语言大师还熟练地运用了北京方言，使作品带有浓郁的"北京味"。中学语文课本中《在烈日和暴雨下》这篇文章就节选自《骆驼祥子》。

10 《围城》

钱锺书（1910—1998），人民文学出版社1991年版。

《围城》是钱锺书唯一问世的长篇小说。"一开始，钱钟书便以光芒四射、才情横溢的笔墨，震惊了读者，震惊了像他一样正在从事小说创作的同行。"作品以抗战初归国留学生方鸿渐从觅职、恋爱到失业、婚变的一段经历为线索，塑造出那个时代的知

识分子群像，揭示出其个性与道德的弱点，表达了对人生现实社会的深刻讽刺和对尘世人间的感伤之情。

小说集中体现了作者心理讽刺的高明技艺，他能用极聪明、极尖锐的语言道出像格言似的东西，令人拍案叫绝。这种机智的风格的形成，同钱锺书作为文学家的想象力和作为学者的渊博学识二者的结合是分不开的。"《围城》对中国现代讽刺小说艺术的发展增添了前所未有的东西"。

《围城》问世以来，已有多种外文译本在海外出版。美国哥伦比亚大学夏志清教授誉之为"中国近代文学中最有趣和最用心经营的小说"。

11 《子夜》

茅盾（1896—1981），人民文学出版社1978年版。

茅盾，原名沈德鸿，字雁冰，浙江桐乡人。1913年入北京大学预科，1916年毕业后到上海商务印书馆任编译。1928年写成《蚀》三部曲（即《幻灭》《动摇》《追求》），开始用"茅盾"作笔名。

长篇小说《子夜》，原名《夕阳》，中国现代长篇小说，以1930年5、6月间半封建、半殖民地的旧上海为背景，以民族资本家吴荪甫为中心，描写了当时中国社会的各种矛盾和斗争，塑造了民族资本家吴荪甫的典型形象，形象地描绘了20世纪30年代初期中国的社会状况，表现了近代工业和金融中心——上海五光十色的生活。小说显示出作者驾驭纷繁题材的杰出才能。作品场面宏大，反映生活广阔。艺术表现手段多样，尤其发展了作者擅长心理描写的艺术特色，叙述语言洗练简洁，生动且富有变化。《子夜》的重大成就确立了茅盾在中国现代文学史上的重要地位。

12 《红岩》

罗广斌（1924—1967）、杨益言（1925—），中国青年出版社。

在重庆"中美特种技术合作所"，两位作者亲身经历了那段苦难的岁月。作为幸存者，他们在20世纪50年代以充沛的热情写下了一系列纪实文学和革命回忆录，《红岩》就是以这些纪实性作品为素材经过艺术加工锤炼而成的。它塑造了一个在极端艰苦的环境中坚持理想、不屈不挠的集体。许云峰、江姐、华子良、刘思扬、龙光华等分别代表了老、中、青三代，他们各具不同的性格特征，但是都表现出坚如磐石的理想和信念。小说情节跌宕

起伏，扣人心弦，对千千万万青年读者具有强大的震撼力，该书在1997年已经第48次印刷。

13 《暴风骤雨》

周立波（1908—1979），人民文学出版社1952年版。

《暴风骤雨》是周立波于1948年创作完成的长篇小说，它以东北地区松花江畔一个叫元茂屯的村子为背景，描绘出土地改革这场波澜壮阔的革命斗争的画卷，把中国农村冲破几千年封建生产关系的束缚发生的翻天覆地的变化展现在读者的面前，热情地歌颂了中国农民在共产党领导下冲破封建罗网，朝着解放的大道迅跑的革命精神。

小说描写了东北一个偏僻的小山村从1946年到1947年土地改革的全过程。全书分两部，第一部以赵玉林为中心人物，第二部的主角是郭全海。小说故事线索清晰，语言简练明快，富有地方韵味，风格粗犷质朴，具有民族特点。小说塑造的老孙头是个广有定评的艺术形象，他身上散发着喜剧色彩和民间智慧。但是赵玉林等几个先进农民，不如老孙头形象丰满。《暴风骤雨》是周立波的代表作，是我国现代文学史上较早反映农民翻身解放的史诗性作品，与《太阳照在桑干河上》一起成为"土改小说"中的最重要的作品。

14 《青春之歌》

杨沫（1914—1995），人民文学出版社1960年版。

《青春之歌》以"九·一八"事变到"一二·九"运动这段历史为背景，以学生运动为主线，描绘了当时我国知识界形形色色人物的精神面貌。

主人公林道静的形象既融入了杨沫自己的生活经历，又具有广泛的代表性。除林道静以外，小说还塑造了卢嘉川、江华等共产党员的形象，描写了走着不同道路的其他各种类型的知识分子，如余永泽、戴瑜、白莉苹、王鸿宾父女等。

该书自1958年出版以来，深受广大青年读者喜爱。清华大学和武汉大学都在必读书目中向学生推荐了此书。

15 《太阳照在桑干河上》

丁玲（1904—1986），人民文学出版社1952年版。

这是一部反映土改运动的长篇小说，曾荣获1951年度斯大林文学奖金二等奖。

小说反映了土改在农村各阶层人们心中激起的巨大波澜，把人物放在错综复杂的社会关系中描写，保持着生活本身固有的感性形态，对主人公的描写没有"英雄化"，心理描写十分细腻。丁玲笔下的张裕民、程仁与赵树理笔下的二黑、小芹、李有才，以及周立波笔下的赵玉林、郭全海代表了一批新的农民形象。

16 《红旗谱》

梁斌（1914—1996），《红旗谱》，中国青年出版社1958年版；《播火记》，百花文艺出版社1963年版；《战寇图》，中国青年出版社1983年版。

中国是一个传统的农业大国。在我国现代文学史上，关注农民问题的作品并不少见，梁斌的《红旗谱》即是其中之一。

《红旗谱》1958年出版，第二部《播火记》于1963年出版，第三部《战寇图》于"文化大革命"前完稿，1983年出版。

《红旗谱》通过在"大革命"失败前后十年革命斗争的历史背景下，冀中平原两家农民三代人和一家地主两代人的尖锐矛盾斗争，以"反割头税"和"二师学潮"为中心事件，生动地展示了当时农村和城市阶级斗争和革命运动的壮丽图景，获得了重大的成就。

《红旗谱》动笔之前，作者经过了20年的生活积累和艺术准备，这使作品扎根于现实生活的土壤之中。在艺术上，小说一方面继承了我国古典小说的优秀传统和表现方法，同时结合时代的特点，吸收了外国小说的某些长处，并加以发展和创新。在语言方面，作者采用了极其丰富的人民群众的语言，具有鲜明的地方特色，主人公朱老忠的个性化的语言在全书中更是闪闪发光。

17 《京华烟云》

林语堂（1895—1976），湖南文艺出版社1991年《瞬息京华》汉译本，郁飞译。

英文原名为 *Moment In Peking*，林语堂曾自译书名为《瞬息京华》，郁飞新译的这个本子恢复了林自定的书名。林语堂是20世纪30年代至60年代，在美国及欧洲写作并出版文学作品最多的

一位中国作家，有着广泛的影响。

该书用英文写成，1939年由美国纽约约翰·黛公司出版，曾在欧美风行一时，这本书对于向西方介绍中国文化作出了较大贡献。小说从1900年写到1938年初，故事的中心是描写清末富商姚思安的爱女姚木兰从孩童时代到接近"知天命"之年的生活道路，以及曾、姚、牛这三个京城富贵之家在风云变幻年代的生活变迁，反映出各式各样人物悲欢离合的生活经历。

小说在艺术构思方面借鉴了《红楼梦》，甚至越过了借鉴范围，但也有自己的特色。政论与抒情性的结合，叙述和描写的融汇，恣肆、幽默、热情的笔致，人物描写和景物描写等方面的讲究，都有许多可取的地方，不失为一部杰出的小说。

18 《平凡的世界》

路遥（1950—1993），中国文联出版公司1986年版，共3册。

《平凡的世界》获第三届茅盾文学奖。全书共三卷，100多万字。它一产生就给中华大地带来了巨大的冲击波，广大读者买书、谈书的热浪一浪高过一浪。

《平凡的世界》被誉为"第一部全景式描写中国当代城乡生活的长篇小说"，具有强烈的平民意识和抗争意识。小说始终洋溢着昂扬的奋斗精神，尤其是格言警句的运用更增强了作品的感染力，如"对于生活理想，应该像教徒对待宗教一样充满虔诚与热情""只要春天不死，生命就不死，就会有迎春的花朵年年岁岁开放"。

路遥深情地关注着普通劳动者的艰难曲折的命运。书中的主要人物一次又一次地经历着巨大的苦难，然而他们，一些普通人，却能一次又一次顽强地去对待，并不断超越自身的局限。每一位读者阅读这本书，都会感受到无穷的震撼，激发对生活的自信和热情。

19 《简·爱》

（英国）夏洛蒂·勃朗特（1816—1855），陕西人民出版社1982年修订出版，李霁野译。

《简·爱》是英国女作家夏洛蒂·勃朗特的一部影响最大的自传体小说。描写了女主人公简·爱在人生道路上，敢于向不合理的社会习俗挑战，勇敢地追求人格自主和个人幸福，最终获得爱情的故事。书中表现了平等、自由、独立和爱的人生主题。

夏洛蒂1816年出生于英国北部约克郡山区牧师之家。幼年丧母，曾在慈善学校度过心酸的童年。稍长为生活所迫，外出当家庭教师。夏洛蒂与两个妹妹自幼喜爱文学并练习写作，是英国文学史上三姐妹作家。夏洛蒂一生写作了《教师》《谢利》《维莱特》等4部作品。《简·爱》是使她赢得巨大声誉，拥有广大读者，奠定英国文坛地位的不朽之作。

夏洛蒂一改早期维多利亚时代传统女性温柔美丽的描写，而是让这个"苍白、矮小、一点也不美"的普通姑娘用她柔弱却坚韧的语调喊出自己叛逆的心声："你认为我贫穷，相貌平平就没有情感吗？我向你起誓，如果上帝赋予我财富和美貌，我会让你难以离开我，就像我现在难以离开你一样。可上帝没有这样安排，但我们的精神是平等的。就如你我走过坟墓，平等地站在上帝面前。"弱小平凡的简·爱绽放出的强大精神震撼力令千千万万女性找到了追求平等与自立的精神资源。《简·爱》几乎成为世界能阅读小说的妇女必读的经典之作。

20 《鲁滨逊漂流记》

（英国）笛福（1660—1731），人民文学出版社汉译本，方原译。

《鲁滨逊漂流记》是一部妇孺皆知、雅俗共赏、流传极广的世界名著。

作者笛福，年轻时足迹曾遍历各地。他一生中经历过海盗拘禁、家庭破产、政治失意等变故，直到年迈花甲之际，才将精力转到文学创作中，写出了这部一出版就大获成功的小说，从而成为英国小说开山人。该书描写了主人公鲁滨逊海上遇险幸存后，如何顽强孤独地在荒岛上生活的冒险经历。此书文体简明，语言通俗，20世纪前出版、翻译或模仿本至少达到700个版本。

关于《鲁滨逊漂流记》的魅力何在，仁者见仁，智者见智。英国作家毛姆认为，没有一个英国小说家能写得比笛福更逼真的了。英国文学史家艾伦认为，该小说是一部包含个人生活的寓言。此小说在世界文学中塑造了第一个资产阶级正面典型形象，反映了资产阶级上升时期的精神状态。卢梭在《爱弥儿》中将它作为爱弥儿15岁时的必读书，这样它又成为教育史上的里程碑。

笛福的这个精美白日梦，孩童读之有趣，成人之后再读，方知这是不朽的杰作。

21 《大卫·科波菲尔》

（英国）狄更斯（1812—1870），人民文学出版社1978年版，董秋斯译。

查尔斯·狄更斯是19世纪英国批判现实主义文学最伟大的代表，被马克思称为"杰出的小说家"。在英国，他有"英国小说之王"的美誉，名声已超过了首相，并且获得了世界性的声誉。他一生写下近20部中长篇小说，主要有《匹克威克外传》《奥利佛·退斯特》《老古玩店》《圣诞之歌》《教堂钟声》《荒凉山庄》《艰难时世》《小杜丽》《双城记》《远大前程》和《我们共同的朋友》等。

《大卫·科波菲尔》是狄更斯的一部半自传体小说，主人公大卫的形象因融入了作家的复杂心情而显得格外突出。作家曾说："在所有我写的这些书之中，我最爱的是这一部。在我内心的最深处，我有一个最宠爱的孩子。他的名字就叫大卫·科波菲尔。"

此书在狄更斯的作品中占有极为重要的地位，长期以来广受世界文学界和广大读者重视。俄国最伟大的小说家托尔斯泰把它列为"深刻的世界文学名著"之一。这部作品也是最早传入我国的西欧古典名著之一。

22 《名利场》

（英国）萨克雷（1811—1863），人民文学出版社，杨必译。

《名利场》是英国伟大现实主义作家和幽默大师萨克雷的成名作，主要描写女主人公在社会上受到歧视，于是利用种种计谋甚至以色相引诱、巴结权贵豪门，不择手段往上爬。这个人物并不邪恶，也不善良，但非常富有人情味，完全是时代的产物。作品辛辣地讽刺了买卖良心和荣誉的"名利场"中的各种丑恶现象，而且善于运用深刻的心理描写和生动的细节勾勒来刻画人物，是一部现实主义的杰作。

"名利场"一名取自班扬的《天路历程》中的"名利市场"。"名利市场"上出卖的是世俗所追求的名利、权位和各种享乐，傻瓜和混蛋都在市场上欺骗争夺。

英国小说家、剧作家毛姆认为，萨克雷深刻了解人类的共性，并对人性中种种矛盾有着浓厚兴趣，他创造出英国小说中最真实、生动而有力的角色。《名利场》也是德国小说家托马斯·曼和美国作家斯金娜最喜爱的文学作品之一。萨克雷也因此书被车尔尼雪夫斯基誉为当代欧洲作家中第一流的大天才，并被高尔基列入西欧最卓越作家行列。

23 《乌托邦》

（英国）莫尔（1477—1535），商务印书馆1959年出版，戴镏龄译。

"乌托邦"，希腊语里指"没有的地方"。该书是英国作家莫尔以对话体形式写成的一部抒发自己对社会批判与政治思想的幻想小说。

全书分为两部分。第一部分中作者对当时欧洲大陆政治、经济制度进行了猛烈抨击。"羊吃人"的著名典故正出自此。这是对资本原始积累时期英国社会最简洁、形象的概括。第二部分莫尔描述了一个没有剥削、压迫、无比幸福美满的理想社会，他破天荒地提出"完全废除私有制"，让人们看到了共产主义思想曙光。

几千年来，"乌托邦"作为"空想"的同义词在各种著作中广泛使用。

《乌托邦》被视为第一部伟大的空想社会主义著作。它第一次系统地幻想了人类远景，是空想社会主义思想体系的伟大奠基著作。

24 《呼啸山庄》

（英国）艾米莉·勃朗特（1818—1848），江苏人民出版社1980年出版，杨苡译。

艾米莉·勃朗特与夏洛蒂·勃朗特和安·勃朗特是19世纪英国文坛上杰出的姐妹作家。艾米莉·勃朗特英年早逝，《呼啸山庄》是她唯一的一部长篇小说，也是这部小说奠定了她在英国文学史乃至世界文学史上的地位。小说描写了一个爱情与复仇的故事，融现实主义与浪漫主义创作方法于一体，既刻画了18世纪英国西部偏僻山区的生活，又以丰富的想象创造异于寻常的爱恨意识。作品成功地塑造了希斯克厉夫与凯瑟琳这两个有着独特个性的艺术形象，他们生死不渝的爱情给人留下了难忘而深刻的印象。

这部被毛姆誉为"无与伦比的杰作"，充满激情，极其动人，像伟大的诗篇一样深刻而又有力，深深吸引、震撼着一代又一代的读者。

25 《人性的枷锁》

（英国）毛姆（1874—1965），湖南人民出版社，徐进、雨嘉、徐迅译。

毛姆是我国读者比较熟悉的一位著名西方现代作家，被誉为

20世纪上半叶最受欢迎的小说家。

他一生著作颇丰，除诗歌以外各个文学领域均有建树。作品被译成各国文字，不少小说还被搬上银幕。《人性的枷锁》是毛姆酝酿、构思长达数十年，两易其稿，精心创作的巨著。这部带有明显自传性质的小说叙述了主人公菲利浦从童年时代起30年的生活经历。该书着重描写了他如何挣脱宗教和小市民习俗这两条禁锢人类精神的枷锁，力图在混沌、纷扰的生活漩流中寻求到人生的真谛。这种"人生真谛"也是作者审视人生、社会之后得到的结论：只有摒弃人生的幻想，挣脱精神上的枷锁，才能成为无所追求、无所迷恋的自由人。

小说问世以来，好评如潮，终未绝版。1966年，英国著名批评家西里尔·柯洛利将此书列入"现代文学运动巨著一百种"。

26 《德伯家的苔丝》

（英国）哈代（1840—1928），人民文学出版社1957年，张谷若译。

哈代是19世纪英国批判现实主义小说家和诗人，主要作品有《绿林荫下》《远离尘嚣》《还乡》《卡斯特桥市长》《德伯家的苔丝》等。晚年还作有诗剧《列王》等，在英国文学史上占有重要地位。

该书是一本最能体现作者批判现实主义手法的作品，他以充满感情的笔触生动地塑造了苔丝这样一个纯朴美丽而又不幸的农村姑娘形象。书中对英国农村自然景色和风尚习俗的描写细腻而有特色，使作品读来饶有趣味，画面感很强。

此书出版后，《泰晤士报》评论认为"哈代先生的最新小说（指《德伯家的苔丝》）是他的最好的小说。"

27 《弃儿汤姆·琼斯史》

（英国）亨利·菲尔丁（1707—1754），上海译文出版社1993年10月出版，《外国文学作品选》（二）有片断收录，周煦良主编。

英国著名史学家爱德华·吉朋曾预言："以描写人性著称的《弃儿汤姆·琼斯史》，其寿命将超过埃斯珂里宫殿和奥地利的国徽皇鹰。"这话果然应验了。宫殿毁于大火，帝国烟消于战争。《弃儿汤姆·琼斯史》却作为不朽名著在世界上广泛流传至今。菲尔丁通过汤姆·琼斯与苏菲亚为争取自由婚姻而进行的斗争，描绘了从乡村到城市，从底层到上流社会丰富多彩的生活画面，几乎构成18世纪英国社会生活的全景，具有史诗般的规模与气势。这部旨在扬善贬恶的小说被萨克雷誉为"人类独创力量最为惊人的产物"。也许毛姆对此书如下的评价会使您迫不及待地想马上一睹为快："菲尔丁的《弃儿汤姆·琼斯史》也许是英国文学中最明快的一部作品，一本美妙、勇敢而欢快的书，坚定、宽宏，当然也极其坦率。""这是一本生气洋溢的有益的书，从头到尾没有一点虚伪，它能使你的心里充满温暖。"

28 《红与黑》

（法国）司汤达（1783—1842），上海译文出版社汉译本，罗玉君译。

该书是19世纪法国杰出的现实主义作家司汤达的代表作，主要反映了法国19世纪20年代，特别是1824～1830年间查理十世反动王朝的上层社会生活和阶级矛盾。书名中的"红"指的是红色的将军制服，"黑"指的是教士的黑道袍。小说主人公原来打算不穿上红色的将军制服就穿上教士的黑道袍，当大主教。可是他最后却被送上了断头台。司汤达十分深刻地分析了青年人在资本主义社会中的命运。作品主要讲述一个木匠的儿子于连·索黑尔，个性倔强顽强，精通拉丁文，被委任为当地市长的家庭教师。他与市长夫人发生了恋情，被迫进入与世隔绝的修道院。不久被介绍给巴黎的一个侯爵做私人秘书。他又与侯爵之女发生恋情。但因阶级悬殊及反对者的破坏，不能与小姐正式结婚。于连在忿激之下暗杀了他以前的情人市长夫人，被判处死刑。司汤达的这部小说取材于当时轰动法国的一件杀人案。高尔基曾经这样说："司汤达的才能与力量在于，他把一件十分平凡的刑事案件提到对19世纪资产阶级社会制度进行历史的、哲学的研究的境界。"

《红与黑》无论在思想深度上，还是在艺术描写上都是一部在世界文学史上占有重要地位的作品。

29 《包法利夫人》

（法国）福楼拜（1821—1880），人民文学出版社1958年出版，李健吾译。

这是福楼拜的第一部长篇小说。作品描述了婚后的包法利夫人为摆脱不幸的婚姻生活，追求"巴黎式"爱情而导致堕落毁灭的悲剧。福楼拜在这部小说中极其深刻地指出，爱玛（包法利夫人）堕落的主要根源是贵族教育对她的毒害。作者通过对爱玛堕落过程的精细描写、对形形色色人物的淋漓尽致揭露，愤怒控诉了表面繁荣掩盖下的法兰西第二帝国的黑暗和腐朽。小说发表后

因其批判现实的犀利性，福楼拜曾受到法国官方"有伤风化"的指控，但却得到广大读者的热烈欢迎。

马克思的女儿爱琳娜在她的英译本序言中指出："完整无缺的《包法利夫人》出版以后，在文坛上产生了类似革命的效果。"

30 《悲惨世界》

（法国）雨果（1802—1885），人民文学出版社，李丹译。

《悲惨世界》是雨果晚年杰出的代表作，曾被誉为"社会的史诗"。全书以主人公冉阿让的活动为主线，分为五部，长达百万言。作品真实描绘了1815年拿破仑失败到七月王朝初期法国社会生活的广阔画面，真实地反映了被压迫的劳动人民的苦难遭遇和悲惨命运，愤怒地谴责了法律的不公正以及对争取自由的共和主义英雄们表示了深深的敬意。这是一部以现实主义为基础而又带有浓厚浪漫主义色彩的艺术珍品。我国著名作家茅盾把它和《战争与和平》相提并论，并称雨果是"法国文坛上的巨人"。

31 《高老头》

（法国）巴尔扎克（1799—1850），人民文学出版社1963年版，傅雷译。

长篇小说《高老头》在巴尔扎克的《人间喜剧》中占有十分重要的位置。《人间喜剧》是巴尔扎克从1829年至1848年间所写的96部长、中、短篇小说的总称，是他以20年的心血和精力铸造出的欧洲文学史上一座光辉的丰碑。恩格斯对他的这部作品给予了很高评价，认为在这里所学到的东西，要比从当时所有职业的历史学家、经济学家和统计学家那里学到的全部东西还要多。《人间喜剧》真实而深刻地再现了19世纪上半叶法国资产阶级兴起和封建贵族衰亡的历史，揭露了资本主义社会人与人之间赤裸裸的金钱关系。

《高老头》是巴尔扎克自觉地把他的小说联结起来，建立新的创作体系的开端，可以说是《人间喜剧》的序幕。它是以1819年底和1820年初王朝复辟时期的巴黎为背景，主要叙说了两个故事：一个是退休面粉商人高里奥被两个女儿榨干后抛弃而死去的悲惨故事；另一个是外省贵族青年拉斯蒂涅在金钱的腐蚀下堕落的故事。

32《约翰·克利斯朵夫》

（法国）罗曼·罗兰（1866—1944），人民文学出版社汉译本，傅雷译。

《约翰·克利斯朵夫》是法国著名批判现实主义作家罗曼·罗兰的第一部长篇小说和早期最重要的作品。小说描写了平民出身的德国天才音乐家约翰·克利斯朵夫奋斗成名的一生。他一生追求真善美，反抗腐朽没落的艺术，不断与庸俗的社会环境冲突。作者通过他的个人奋斗，歌颂了人道主义、理想主义和英雄主义，展现了19世纪后期和20世纪初期德国、法国和意大利等西欧国家的社会生活画卷。

罗曼·罗兰文学著述十分丰富，有小说、戏剧、人物传记、时事评论、艺术研究著作等。如《贝多芬传》（1903）、《母与子》（1922～1933）、《欣悦的灵魂》等。

33《追忆逝水年华》

（法国）马塞尔·普鲁斯特（1871—1922），上海译文出版社2014年，沈志明译。

《追忆逝水年华》是一部"意识流"小说的经典。作者普鲁斯特为它耗尽17年余生，全书共分七部，依次为：《通往斯万家的路》《在花枝招展的少女们身旁》《盖尔芒家》《索多姆和郭穆尔》《女囚犯》《逃亡者》和《昔日再现》，其中第二部《在花枝招展的少女们身旁》1919年出版后获法国龚古尔文学奖，使普鲁斯特名声大振。

这是一部与传统小说不同的长篇巨著。全书以叙述者"我"为主体，将其所见、所闻、所思、所感融合为一，既有真实描写，又是一份作者自我追求、自我认识内心经历的纪录。作者通过人物的活动，冷静、真实、细致地再现了法国上流社会的生活习俗、人情世态。整部作品对外部世界的描写同叙述者对它的感受、思考、分析浑然一体。普鲁斯特利用文字再现过去的存在，追索逝去的生命，从而获得精神上的永久快慰和幸福，阐释了自己的人生哲学。

这部小说每一段文字都具有不依赖于前后段落、情节、人物的内在生命力。普鲁斯特柔韧得近乎极致的写作功力将即便是吃一块小点心的感受也写得淋漓尽致。每一个章节都闪烁着作者智慧的光芒。这部作品正是那种值得仔细收藏、时常翻阅的人生必备书。

34 《战争与和平》

（俄罗斯）列夫·托尔斯泰（1828—1910），人民文学出版社1989年汉译本，刘辽逸译，全4册。

这部史诗性巨著为列夫·托尔斯泰奠定了世界文豪的地位。100多年来，《战争与和平》一直倍受推崇，它是世界上版次和印数最多的一部长篇小说。法国小说家福楼拜阅读之后，赞叹说："这是莎士比亚，是莎士比亚！"英国作家高尔斯华绥推之为"世界上最伟大的小说"。《200部世界名著展评》这样说："即使我们一生中拒绝读任何小说，但也不能不读《战争与和平》。"

在这部小说中，"战争"与"和平"即"前线"与"后方"互相交织，抵抗拿破仑侵略的卫国战争是它的中心，四大家族中安德烈、皮埃尔、娜塔莎的命运和变化贯穿始终。全书130万字，描写人物559个。这样的长篇巨著对于一般读者来说，可能会有一点困难，诚如美国作家费迪曼在《一生的读书计划》中建议的那样，"开始的时候可以读节本。虽然这样无法了解托尔斯泰的整体精神，但仍可体会到他作为小说家的真诚。一旦引起兴趣后，就会有勇气进一步去看全本。"节本同样不是我们在这本书中向您推荐的对象，但是如果它能成为这样一个中介：引发您对经典鸿篇的阅读兴趣、刺激您采取实际的阅读行为而不是虚无的仰慕，那么，不妨一试——开卷有益！

35 《安娜·卡列尼娜》

（俄罗斯）列夫·托尔斯泰（1828—1910），上海译文出版社1982年汉译本，草婴译。

这部50天就写完的小说被改了12次，花了5年时间才出版。这部"改出来"的作品被陀思妥耶夫斯基称为"尽善尽美的艺术杰作"。

"幸福的家庭都是相似的，不幸的家庭各有各的不幸"，小说开篇的这句格言说出了我们日日在感觉却说不出来的人间之事，它一直是许多读者摘抄的对象。

历来的作家都比较喜欢以结婚作为爱情故事的终结。但是结婚真是像童话描绘的那样是爱情的美好归宿吗？夫妻双方从此就过上了王子公主般幸福的生活了吗？《安娜·卡列尼娜》让你看到的恰是一个相反的故事。

17岁的安娜由姑母作主嫁给了大她20岁的大官僚卡列宁。枯燥乏味、"冷静自信"的卡列宁限制了安娜活泼的天性、广阔的兴趣和独特的思想。8年后，她认识了具有西欧资产阶级自由思想的渥沦斯基。爱情虽然迟来，但安娜的勇敢热烈终于使她弃家出走。但那个她不顾一切去追随的男人却缺乏与她同样的勇气。在"我渴望爱情，可是得不到爱情"的悲哀呼喊中，她选择了卧轨自杀。

36 《钢铁是怎样炼成的》

（苏联）尼古拉·奥斯特洛夫斯基（1904—1936），人民文学出版社1952年汉译本，梅益译。

"钢是在熊熊大火和骤然冷却中炼成的"，"我们这一代也是在斗争和艰苦考验中锻炼出来的"，这是作者本人对书名的诠释。正是这位双目失明、脊椎硬化的英雄，在病榻上为我们创作了这部富有感召力的自传体小说。1934年单行本出版以后，1941至1947年在23个国家印了53版。

它对中国读者的影响尤其深远。《影响中国近代社会的100种译作》称它"是一本载入中国革命史册的教科书""武装了几代年轻的读者"。1937年此书被介绍到中国，两个月就再版。1949年后，它一度成为中国销量最大的外国小说。中国的"保尔"吴运铎回忆说，他在抗战时期就阅读了《钢铁是怎样炼成的》，在保尔·柯察金那火焰一般绚丽的生命的光辉照耀下，"我真正感到了自己的渺小。但是我毫不气馁地勉励自己：应该不愧为他的一个朋友和同志"。1997年编印的《清华大学学生应读书目》向该校学生首选推荐了此书。

37 《卡拉马佐夫兄弟》

（俄罗斯）陀思妥耶夫斯基（1812—1881），人民文学出版社1981年汉译本，耿济之译。

《卡拉马佐夫兄弟》是作者一生心理、伦理、哲学和政治思考的总结。

哈佛大学弗雷泽教授说："《卡拉马佐夫兄弟》是我发疯般迷上理性的开始。"毛姆在《书与你》一文中很自信地向读者推荐说："假如你能欣赏海上的暴风雨的壮观场面，你一定会欣赏《卡拉马佐夫兄弟》。"他还说，有些书"如果错过不读，将是一种损失"，它们会以各种不同的方式增加你的精神财富，使你的生活更为充实，从这个角度来看，《卡拉马佐夫兄弟》无疑当属其一，而且很可能名列榜首。

查看一下这本书的推荐者，可以发现一个问题：《卡拉马佐夫兄弟》在国外远远比在中国更受欢迎。除了《200部世界名著展评》以外的8位推荐者都是外国人。也许陀思妥耶夫斯基这位喜欢解剖罪人病态心理的天才并不太合中国读者的口味。

38 《死魂灵》

（俄罗斯）果戈理（1809—1852），人民文学出版社1983年汉译本，满涛、许庆道译。

两次人口登记之间死去的农奴（死魂灵）在户口册上还没有被注销姓名，他们在法律上仍被视为活人。五等文官乞乞科夫正是利用这些死去的魂灵来做投机生意，他前往边远省份低价买来死魂灵，然后趁新的人口登记还未到来之际，以高价抵押出去或者向政府申请配给大片荒地。这样买空卖空的生意使他的财产由父亲留下的"四件破旧的粗呢小衫，两件羊皮里子的旧长衫，以及微不足道的一点钱"，猛增到几十万卢布。通过乞乞科夫与贪官污吏和各类地主的交往，这本书向我们充分显现了"俄国批判现实主义文学奠基之作"的风采。

《死魂灵》的情节是由诗人普希金提供的。他认为果戈理具有"能猜透人心，并以某些特点一下子把人物显得栩栩如生的才能，有这样的才能不动手写一部大作品，这简直是罪过!"

美国专栏作家费迪曼教授向美国读者推荐此书时说："这部小说描写一位伟大的恶徒，以及他在18世纪俄国所经历的种种事件，这是一个极为疯狂、充满活力，而且结构繁复的故事，在笑声中有悲愁。"

39 《父与子》

（俄罗斯）屠格涅夫（1818—1883），人民文学出版社1955年汉译本，巴金译。

《父与子》意在探求两代人的鸿沟这个已被许多作家采用过的主题，而且成为这类小说中最出色的作品。它通过"父辈"（巴维尔·基尔沙诺夫）与"子辈"（出身平民知识分子家庭的巴札罗夫）的论争，阐明了两种文化——旧的贵族文化和新的民主主义文化的冲突。

小说为我们塑造了巴札罗夫这个世界著名的"虚无主义者"的形象，他否定一切，对一切持批判态度。他否定那些公认的原则、法则，认为"所谓的一般的科学"是没有的；他否定艺术，认为"一个好的化学家比20个诗人还有用"；他否定爱情，把它看成纯生理的现象。五四运动以后我国曾一度流行过"虚无主义"的思想。鲁迅将屠格涅夫创立的"虚无主义者"解释为"不信神，不信宗教，否定一切传统和权威，要复归那出于自由意志的生活的人物"。

40 《静静的顿河》

（苏联）肖洛霍夫（1905—1984），人民文学出版社1956年汉译本，金人译，全4册。

英国著名作家格林说："《静静的顿河》描述了一群哥萨克在和平时期、对德战争时期的生活。只有巨大的文学技巧才能不加粉饰地将哥萨克人粗野的生活展示在其他民族的读者面前。"

肖洛霍夫在他1934年的《自传》中谈到他1926年21岁时开始写《静静的顿河》，花了8年时间来创作这部长篇小说。

正是这部作品使肖洛霍夫1965年荣获诺贝尔文学奖。它先后被翻译成世界上几乎所有的主要语言，而且一版再版，畅销全球，研究肖洛霍夫几乎成了一门学问。由于这部作品倾向性比较隐晦，它引起的世界范围的争论至今还没有平息。

41 《罪与罚》

（俄罗斯）陀思妥耶夫斯基（1821—1881），浙江人民出版社1980年汉译本，韦丛芜译。

1946年译者韦丛芜在此书的"六版序"中写到："这样的一部凄惨的长篇巨著，竟会在7年中印行五版，这表现中国读者的进步。"

穷困潦倒的大学生拉思科里涅珂夫精神上受到极度压抑，杀死了一个放高利贷的老太婆，并误杀了一个无辜者。他从此陷入了更大的痛苦，后来在妓女索菲亚的感化下自首。他被流放到西伯利亚，索菲亚万里相随。"在索菲亚无涯的柔爱中，他终于看出了神的光辉"。一个清晨，他匍匐在她的足前，"新的生活于是展现在他的眼前了"。

42 《母亲》

（苏联）高尔基（1868—1936），人民文学出版社1962年汉译本，夏衍译。

高尔基于1906年6月在美国开始写作《母亲》，同年11月在意大利完成。小说以英文在美国杂志上逐章发表后，立即轰动了欧洲，很快被译成德、意、瑞典、西班牙等各种语言。小说是以真人真事为素材创造出来的。除母亲这个伟大的形象以外，小说还塑造了世界文学长廊第一个革命工人的典型形象：巴威尔——母亲的儿子，他也是后来保尔·柯察金等人的先辈。母亲散发传单一节还被选进了我国高中语文课本。

鲁迅非常推崇高尔基和他的《母亲》，他认为高尔基"是伟大的，我看无人可比的"。"高尔基的小说《母亲》一出版，革命者就说是一部'最合时的书'，而且不是在那时，还在现在。我想，尤其是在中国的现在和未来。"

43《哈克贝利·芬历险记》

（美国）马克·吐温（1835—1910），上海译文出版社1984年汉译本，张万里译。

马克·吐温生于密苏里州的佛罗里达。12岁时家道中落，独自出外谋生。他先后做过印刷所学徒，排字工人，密西西比河的领航员，内华达金矿工人和新闻记者等。1863年他开始使用"马克·吐温"这一笔名发表作品，19世纪70年代起长期从事小说创作，主要作品有《百万英镑》《镀金时代》《傻瓜威尔逊》等。

《哈克贝利·芬历险记》是公认的马克·吐温的代表作。故事以美国南北战争之前的社会面貌为背景，描写了白人孩子哈克与成年黑奴吉木为争取自由结伴从密西西比河逃亡，一路上相互依靠，结下深厚友谊的故事。作品揭示了蓄奴制度和种族歧视的黑暗罪恶，表达了对自由的热烈追求。小说生动、细致、感人，人物塑造具有令人难忘的魅力。现实主义刻画与浪漫主义抒情水乳交融，使之达到美国小说前所未有的高度。而且小说中大量使用美国南部方言、俚语，这对美国后来的小说创作产生了重大影响。100多年来，小说受到全世界人民的热烈欢迎，被公认是世界文学中的经典之作。

44《白鲸》

（美国）麦尔维尔（1819—1891），新文艺出版社1957年出版，曹庸译。

这是美国浪漫主义小说家麦尔维尔的一部长篇小说代表作。小说通过对捕鲸船"裴廓德号"在海上捕鲸惊险经历的描绘，反映出19世纪初美国资本主义初步发展背景下，捕鲸水手们的悲惨命运以及作为当时一种重要生产方式存在的捕鲸业面貌。"裴廓德号"船长亚哈曾被一条白色抹香鲸咬掉一条腿。他发誓要报仇，在航行了几乎整个世界，经历种种磨难之后，终于发现了这条白鲸。经过几次恶斗，他击中白鲸，但亚哈也在搏斗中被缠结的捕鲸绳绞死。船被白鲸撞覆，全船人落海身亡，只有以实玛利一人死里逃生，叙述了这个故事。作者以白鲸象征自然界残暴和人间凶恶，表现了人们反抗残暴的感人画面。从哲学意义上来说，这是一场善与恶的斗争。同时这部书包含了关于捕鲸业和各种捕鲸经历大量详细材料，堪称是一部捕鲸"百科全书"。

作者麦尔维尔1819年8月1日出生于纽约，曾先后在银行、农场、小学任职。23岁那年，他上了"阿古希耐号"捕鲸船，去南太平洋作一次捕鲸航行。这一举动使他以后无论是在生活上，还是在创作上都与海洋和捕鲸结下不解之缘。他的主要作品有游记《泰皮》《欧穆》《玛地》等，小说《白鲸》《皮埃尔》，以及不少诗歌。

45 《汤姆叔叔的小屋》

（美国）斯托（1811—1896），商务印书馆1981年，林纾、魏易译，译名为《黑奴吁天录》。

斯托于1811年6月4日生于康涅狄格州列奇文城。青年时代深受自由党信仰及司各特浪漫主义小说的影响，思想活跃，是一个激进的资产阶级民主主义的拥护者。她20岁开始尝试写作。由于对黑奴的生活和悲惨命运寄予深切的同情，她于1850年全国掀起废奴制的讨论之际奋笔疾书，在半年多时间里就完成了被后人称为"不朽的著作"的《汤姆叔叔的小屋》。

小说主人公汤姆从小侍奉主人，忠心耿耿，品格高尚，成年后当了总管。主人在一次生意投机失败后，决定将汤姆以及女奴伊莱扎的儿子哈利卖掉抵债。汤姆听从了主子安排，辗转为奴，最后终于惨死于奴隶主的皮鞭下。而具有反抗精神的伊莱扎一家则拿起武器，在废奴派的帮助下，克服千辛万苦，逃到加拿大获得自由。小说深刻揭示了蓄奴制的黑暗和残酷，赞扬了黑人为反抗压迫争取自由而进行斗争。书出版后在国内外引起巨大反响，推动了废奴运动蓬勃发展。林肯总统称赞作者是"写了一部书引起一场伟大战争的小妇人"。小说自问世以来，已译成30余种文字，印行700万册以上，几次搬上银幕。它的价值得到全世界的公认，被列为世界16大名著之一。

46 《红字》

（美国）霍桑（1804—1864），上海文艺出版社1959年汉译本，侍桁译。

《红字》被公认为是霍桑最著名最杰出的代表作，也是整个美国浪漫主义小说中最有声望的权威作品。霍桑1804年出生于一个没落移民望族之家，大学毕业后开始文学创作。在思想上，他一方面反抗新英格兰清教主义传统，抨击狭隘、虚伪的宗教信条，同时又受这个传统的束缚，用加尔文教派的善恶观来认识社会和世界。他一生写过不少小说，除《红字》外，还有《七个尖角阁的房子》《福谷传奇》《玉石雕像》等。

《红字》以殖民地时期新英格兰（美国东部，当时是英国殖民地）生活为背景，描写女主人公海丝特同丈夫没有感情，在移民到美国的两年独居生活中与牧师狄梅斯代尔相爱私通并怀孕。她被清教徒统治者当作"训诫罪恶的一个标本"，在胸前戴上标志通奸罪的红"A"字示众。主人公含垢忍辱，过着俭朴艰苦的生活并精心哺育女儿长大，处处为别人做好事。由于她善良、纯洁和坚韧的精神感动了人们，最后红"A"不仅是惩罪标志，也成为赎罪、德行和追求自由的标志。

全书以耻辱的红字为中心主线，揭示了社会的不公平、法典不合理、宗教的狭隘和伪善，是对当时法律和宗教势力的深沉控诉。小说文字简洁洗练，情节集中，人物塑造栩栩如生、呼之欲出，具有强烈的艺术感染力。这部作品被译成多国文字，在世界各国出版，还被改编成戏剧、歌剧，搬上舞台，广受各国人民的喜爱。

47 《老人与海》

（美国）海明威（1899—1961），新文艺出版社1957年出版，海观译。

这是一部具有充分哲理意义和含蓄寓言性质的象征主义小说，是海明威后期的代表作之一。它描写的是古巴老渔民桑提亚哥出海捕鱼的故事。小说着力刻画了桑提亚哥在同象征着厄运的鲨鱼斗争中表现出的意志、毅力和勇气，成功塑造了不向命运低头的硬汉形象。桑提亚哥也成为海明威20世纪30年代以来创造的"失败了的英雄"这一艺术典型的高峰。小说中的名言"一个人并不是生来要给打败，你尽可以把他消灭掉，可就是打不败他"表明了作品的崇高主题。由于该小说体现出人生真正价值，以及作品简洁含蓄叙事技巧和提炼概括生活的能力，从而使海明威荣获1954年诺贝尔文学奖。

48 《喧哗与骚动》

（美国）威廉·福克纳（1897—1962），上海译文出版社1984年，李文俊译。

福克纳是美国南方文学的领袖，"迷惘一代"的中坚人物，意识流小说代表作家。他在写完第三部小说《萨托利斯》（1929）以后，开始着手建立一个庞大的创作体系，即以美国南方社会历史和现实生活为题材，用若干部相互关联的长篇小说和中短篇小说组成一个规模宏大的系列小说群，来反映美国社会近一个世纪以来的演变。在这套名为"约克纳帕塔法世系"的小说里，故事都发生在他所虚构的密西西比州约克纳帕塔法县。作者着重叙述这个县几个不同社会阶层南方家族兴衰历史。在这部类似《人间喜剧》的巨著中，最引人注目的是长篇小说《喧哗与骚动》。作品以杰弗逊镇上的律师康普生一家三代生活经历为主线，描写了他们混乱的思想、沉沦的道德和必然没落的阶级命运，反映了南方庄园的没落与解体和社会的严重精神危机。小说中康普生夫妇生有三男一女：大儿子昆丁、二儿子杰生、小儿子班吉和女儿凯蒂。全书分为四个部分：班吉部分、昆丁部分、杰生部分和迪尔西部分。这部小说由于集中表现了福克纳出众的艺术才华和对南方社会历史无与伦比的描绘而成为轰动一时的畅销书，被认为是这位天才小说家的杰作。

49 《永别了，武器》

（美国）海明威（1899—1961），上海译文出版社1980年出版，林疑今译。又译《战地春梦》。

此书是一部以第一次世界大战为背景，强烈反映反战主题的出色作品。它通过美国青年亨利在战争中的经历及性格变化，描述了战争如何毁灭人的精神、扼杀人的爱情以及人与人之间无谓相互残杀的情景。小说深刻指出战争使人们丧失赖以生存的信仰，是造成"迷惘一代"精神悲剧的社会根源。主人公亨利是海明威着力刻画的"迷惘的一代"的典型形象。

作品在艺术技巧方面奠定了海明威独特的创作风格。尤其是他简约洗练的文体引起了一场文学革命，影响了整整一代欧美作家。这部以鲜明时代主题和高超艺术技巧最大程度反映战后青年一代彷徨和惘然若失情绪的小说，一出版就风靡了全世界，再版几十次，译成几十种语言发行，并且还被改编成剧本，拍成电影，足见其震撼力。

50 《飘》

（美国）米切尔（1900—1949），浙江文艺出版社出版，傅东华译。

《飘》是美国女作家玛格丽特·米切尔在其短暂一生中唯一的一部小说。但它足以奠定她在世界文学史上不可动摇的地位。米切尔出生于美国南部佐治亚州亚特兰大市，受过良好的教育，喜欢钻研历史，担任过记者和专栏作家。《飘》以美国南北战争前后十几年间的佐治亚州为背景，以乱世佳人郝思嘉为主线，描写了几对青年的爱情纠葛，是一部极富浪漫情调、享誉世界的经典爱情小说。人物刻画细腻生动，语言个性化，场景描写壮观。1936年小说出版后成为当时美国第一本畅销书，1931年获普利策小说奖和国家图书奖，1938年获博尼派格纪念奖。根据小说改编成的电影《乱世佳人》更是一举夺得10项奥斯卡大奖，高居电影史经典名片之首。其中男女主人公郝思嘉与白瑞德成为不朽的艺术形象。电影的巨大成功更显现出著作本身的超凡魅力。

51 《汤姆·索亚历险记》

（美国）马克·吐温（1835—1910），人民文学出版社1955年，张友松译。

这是一部以儿童历险生活为题材的小说。汤姆·索亚厌恶家庭、学校乃至教会的呆板生活，总幻想绿林好汉式的冒险经历。一天，他与好友偶然发现伊江·乔为盗墓杀死同伙的秘密。经过激烈思想斗争，他终于去法庭揭露了伊江的罪恶。后来汤姆与哈克外出途中遇到潜逃在外的伊江·乔。伊江企图杀死汤姆，结果失足坠入深谷而死。汤姆与哈克发现了伊江埋藏的一箱金钱，两个人都成了富翁。小说从儿童观念出发，以历险记的形式触及当时美国社会生活、教育、宗教、金钱、人情、法律等重大社会问题。人们从小说中体味到的不仅仅是一串串惊险、可笑的故事，而是真正的美国生活。

52 《堂吉诃德》

（西班牙）塞万提斯（1547—1616），人民文学出版社1979年汉译本，杨绛译。

西班牙乡绅吉哈诺（意即"尖下巴"）快50岁了，因读骑士小说入了迷，立志要扫尽人间不平。他改名堂吉诃德，穿上生锈的盔甲，手持长矛，跨上瘦马出发了。中年农民桑乔·潘萨成了他的仆从，一位牧猪少女被他想象为贵妇人，成为他心目中的美人。他完全生活在自己虚构的骑士世界中。乡村小客栈是他的城堡，羊群成了敌军，他与风车作战，他冲进送葬队伍，硬说死者是被谋杀的，要为死者报仇。他前后游侠三次，险些丧命，临终前他终于醒悟，"我从前是疯子"，"现在知道那些书上都是胡说八道，只恨悔悟已迟"。

"尽管小说中的堂吉诃德愚蠢至极，他的喜剧式遭遇令人忍俊不禁，然而，他从未失去尊严，从未抛弃他的理想，读者很快就会赞赏他的人格，敬佩他的高尚，同情他的遭遇，会憎恨他那不肯妥协的对手，是这些彻底的功利主义者挫败了堂吉诃德。"
而"单纯、忠诚、机智、灵活"的农民桑乔·潘萨也成为"文学
史上不可多得的可爱人物"。

53 《百年孤独》

（哥伦比亚）加里亚·马尔克斯（1928—2014），浙江文艺出版社1991年汉译本，黄锦炎、沈国正、陈泉译。

马尔克斯是魔幻现实主义文学的集大成者。《百年孤独》成
书于1980年，在悠悠历史、众多名著中，它离我们如此之近。它
的发表引起了世界文坛的一场"文学地震"，1982年马尔克斯获
得诺贝尔文学奖，而人们仿佛从《百年孤独》开始又重新发现了
拉丁美洲。

小说通过马孔多镇的创建、繁荣和消亡，形象地表现了拉美
近百年来的历史。魔幻色彩是小说最大的艺术特色。如：何·阿
卡迪奥死后，他的血像溪水一样穿街过巷，流到家里向亲人报
信；一场大雨下了4年；布恩迪亚家族的第7代长着猪尾巴；倩姑
娘雷梅苔丝坐飞毯飘走。中国当代的许多后现代主义作品都明显
具有《百年孤独》式的神秘气氛。

54 《魔山》

（德国）托马斯·曼（1875—1955），上海译文出版社2019年，钱鸿嘉译。

《魔山》向我们讲述的是青年工程师汉斯·卡斯托普去瑞士
一所肺病疗养院（即魔山）看望表兄的种种经历。最后主人公终
于领悟到"人为了善和爱就不应该让死亡统治自己"，克服了死
亡的魅力，离开了"魔山"。作者认为，这种"熟谙死亡的生活
之爱"远比那种"对死亡一无所知的生活之爱"更有精神价值，
这是"艺术家、诗人、作家对生活的爱"。

小说运用了现代心理分析，在写法上突破个性写实手法，进
入象征领域。作品包含的丰富的思想与托马斯·曼的博学是分不
开的，他有三位精神导师：叔本华、瓦格纳和尼采。

55 《少年维特之烦恼》

（德国）歌德（1749—1832），上海译文出版社1982年汉译本，侯浚吉译。

《少年维特之烦恼》是一部书信体小说，取材于歌德本人的

一段恋爱经历和他朋友的自杀悲剧。

维特思维敏捷，热情奔放，渴望自由，但是周围沉闷的现实使他陷入孤独和愁苦之中。他从绿蒂身上看到了一种质朴纯真的品质，便寄予全部的热情。然而，绿蒂也跳不出平庸生活的圈子，于是绝望的维特只好举枪自杀。

歌德善于抓住青年的特点，这部用四周时间创作出来的小册子深深地震撼了同时代青年的心灵，可以说维特的烦恼就是当时德国青年一代的烦恼，也是时代的烦恼。所以它一出版就受到了狂热的欢迎，马上被译成欧洲各国文字，成为德国文学中第一部在国际上引起轰动的作品。当时的青年纷纷模仿维特的言谈及服饰，甚至有人失恋后学维特自杀。为此，歌德不得不在本书再版时加上一节序诗：

"请看，他出穴的精灵在向你耳语，
做个堂堂的男子汉，不要步我后尘。"

拿破仑把这本书读过7遍。五四时期，敢爱敢恨的维特在我国的青年中也引起了强烈的共鸣和震撼。

56 《尤利西斯》

（爱尔兰）詹姆斯·乔伊斯（1882—1941），人民文学出版社2018年，金隄译。

三位哈佛大学教授一致推荐了《尤利西斯》。考夫曼教授说："多年来，我一直在寻思：为什么这本书在对其解释的障碍直线上升的情况下还能继续吸引读者。最后我终于明白了：《尤利西斯》大概是20世纪唯一活泼向上的杰作，而且趣味无穷。它以其精心设计的独特的错综复杂的方式，记录了从容勇敢的人民令人振奋的冒险经历。"

乔伊斯是"意识流"文学的代表作家，他把普鲁斯特奠基的"意识流"文学发展到了登峰造极的地步。虽然他的作品并不好懂，"他的声誉却越来越高。专家们绞尽脑汁研究他，虽仍不知所云，但已觉其中奥秘无穷。"《尤利西斯》记录了都柏林三个平凡人物一天的琐碎活动。它在结构、人物、情节上与荷马史诗《奥德修记》全面对应（尤利西斯即奥德修斯）。力挽狂澜的英雄奥德修斯蜕变成逆来顺受的广告商布卢姆，助父除虐的忒勒马科斯异化为精神空虚的斯蒂芬，坚贞不渝的佩涅洛佩沦落为追求肉欲的莫莉。小说通过这些古今对比，反衬出现代社会的庸俗、腐朽和堕落，提出了人应该怎样生活和价值标准等重要问题。

美国专栏作家费迪曼教授说："《尤利西斯》可以比作一座难以攀登的高山，但并不是不可能攀登，从山峰顶上，将会看到人类无比丰富的生活景致。"关于阅读方法，他建议："只读你懂的部分，然后暂且搁置一下，每年都拿起来读一次。"

57 《城堡》

（奥地利）弗兰茨·卡夫卡（1883—1924），上海译文出版社1980年汉译本，汤永宽译。

卡夫卡一生写过三部长篇小说：《美国》《审判》和《城堡》，都是未完的杰作。其中《城堡》最富卡夫卡的特色，它是卡夫卡晚年创作的一部长篇小说（未完成）。主人公 K 应聘来城堡当土地测量员，他经过长途跋涉，穿过许多雪路后，终于在半夜抵达城堡管辖下的一个穷村落。在村落的招待所，筋疲力尽的 K 遇到了形形色色的人，它们都是挣扎在社会底层的平民。其中有招待所的老板、老板娘、女招待，还有一些闲杂人员。城堡虽近在咫尺，但他费尽周折，为此不惜勾引城堡官员克拉姆的情妇，却怎么也进不去。K 奔波得精疲力竭，至死也未能进入城堡。

58 《十日谈》

（意大利）卜伽丘（1313—1375），上海译文出版社1981年汉译本，方平、王科一译。

卜伽丘是意大利杰出的小说家和诗人。他作品很多，最优秀的就是这部短篇小说集《十日谈》。10个青年男女为逃避黑死病在乡间住了10天，每人每天讲了一个故事，10天就讲了100个故事。《十日谈》对基督教会进行了讽刺，赞美了人的聪明才智，提倡个性解放，主张自由平等。作者还通过"绿鹅可爱""痴女修行""西蒙开窍"等故事告诉我们爱情属于"人类的天性"，纯洁的爱情既是幸福的源泉，又是催人奋进的动力。

《十日谈》文笔精炼，语言生动，善于刻画心理，描绘自然，对后来西欧现实主义文学的发展产生了很大的影响。

59 《西线无战事》

（德国）雷马克（1898—1970），外国文学出版社1983年汉译本，朱雯译。

小说主人公"我"——保罗，在学校里被灌输了一大套"爱国主义"和"英雄主义"的思想，没有毕业就应征入伍。目睹残酷而且毫无意义的战争，保罗开始思索，他越来越不相信人们高唱的那些豪言壮语。随着他的伙伴相继死去，1918年10月，在和平快要到来的时候，保罗自己也牺牲了。而此时，德军司令部的战报上只有简短的一句话："西线无战事。"

雷马克在这部小说里融入了自己参加第一次世界大战的亲身感受，对战争的假面具——爱国提出了怀疑。同时启发读者思考，这种思考不受时代和民族限制，因为"战争最容易使人发现人性和丧失人性"。

60 《源氏物语》

（日本）紫式部（公元978—1016），人民文学出版社1980—1983年汉译本，丰子恺译，全3册。

谈到日本古典文学，没有人不想到《源氏物语》的。

物语是一种文学体裁，相当于中国古代的传奇。紫式部出身中层贵族，幼从父习汉文，后入宫当过彰子皇后的文学侍读。她本姓藤原，父亲做过式部大丞，所以称"藤式部"。后世借用《源氏物语》女主角紫姬之名，称她为"紫式部"。

源氏是小说的主人公，他出身王子，由于母亲出身低微，被降为臣子。

小说以源氏在政治上的浮沉和他对女性的追逐为中心，为我们展开了一幅日本中世纪宫廷奢华生活的画卷。而这一切都是与紫式部这位杰出的女作家缠绵的笔意、典雅的语言、细腻敏锐的视角分不开的。

空蝉、明石姬、末摘花、紫姬、浮舟那一个个有着诗一般名字的女性的故事一定会牵动你一口气读到结尾，如同读一部现代言情小说。哈佛大学威廉·博瑟特教授推荐此书时说："这部作品是将近1000多年前写成的，但它就像根据巴西电视剧改写的一部精彩的中篇故事那样清新。"谁说阅读名著是一件辛苦的事情呢？对于中国读者来说，那里面还有我们感到亲切的白居易的诗、儒道思想、唐代宫廷设置等。古代中华文明对一衣带水的日本的确有着深远的影响。

二 散文（9）

1 《古文观止》

(清) 吴楚材、吴调侯编选（成书1695年），中华书局1987年点校本，安平秋点校。

人们在赞美绝顶出色的事物时，常常用"观止"一词来形容，意即看这个就足够了，不用再看别的了。"古文观止"正是表示所选录的文章都是值得阅读的名作佳篇。

吴楚材、吴调侯选评的《古文观止》，以收散文为主，兼收骈文。全书12卷，收文220篇。与《文选》以来的古文选本相比，它包括的时代长，各体各派广采博收，繁简选辑颇当，评点注释适中，而且入选的文章都属经过历史考验、世人公认的传世佳作，所以此书问世后，长期被认为是浏览中国传统散文的规范读物，也是千千万万孩童的发蒙之书，"后生小子口沫手胝岂止万本千遍"。300多年来，它对人们的文辞、文学、美学修养乃至思想和行为都有重大的启迪和熏染作用。《古文观止》鞠育了一代又一代的文人学子！

2 《经史百家杂钞》

(清) 曾国藩（1811—1872），岳麓书社1987年版，孙雍长标点。

曾国藩编选的散文总集。从清末到民国，在社会上流传广泛、影响较大，是继姚鼐《古文辞类纂》之后的又一部有名的古文选本。

全书分论著、词赋、序跋、诏令、奏议、书牍、哀祭、传志、叙记、典志、杂记11类，收文章700余篇，篇幅比《古文辞类纂》少了1/4。曾国藩非常重视"经世济民"，在选文上，除继承姚鼐的义理、词章、考据三条标准外，增加了经济（指"经世济民"），并将义理、词章、考据大体都归宿于经济，希望读者通过对文章的学习，来了解历代的治乱兴衰、典章文物、学术思想，体现了曾国藩注重经世济民的治学精神。

书中所选文章多为具有代表性的作品，选择精当，内容丰富，范围广泛，体裁兼备，可以作为研究经、史、哲学等方面的基础读物、各种文体的示范读物。

3 《古文辞类纂》

（清）姚鼐（1732—1815），岳麓书社1988年版，边仲仁标点。

姚鼐，安徽桐城人，清代散文家、学者，桐城派的代表人物。本书选录战国至清代的古文辞赋，着重选录《战国策》、《史记》、两汉散文家、"唐宋八大家"以及明归有光、清方苞、刘大櫆等的古文。

在选文上，《古文辞类纂》严格按照桐城派的理论主张，其原则是不录骈文、散文中的经文、先秦诸子、史书中的纪传等。全书收文722篇。按文体分论辩、序跋、奏议、书说、赠序、诏令、传状、碑志、杂记、箴铭、颂赞、辞赋、哀祭等13类。每类略述此类文章的渊源、发展、文体特点及其义例，类下为正文，并附有评语和注释，比较充分地宣扬了桐城派的文学观点。梁启超、汪辟疆两位国学大师都曾推荐过这本书。

4 《独秀文存》

陈独秀（1879—1942），安徽人民出版社1987年版。

"五四"新文化运动是中华民族思想启蒙、接受近代文明的序幕。这场广泛的思想启蒙运动的领袖就是陈独秀，他以《新青年》杂志为武器，发表了一篇篇慷慨激越的檄文。"五四"运动以后，这些文字于1922年结集出版，即《独秀文存》。此后多次再版，影响不减。

《独秀文存》收录陈独秀1915年到1922年之间的文章，共3卷，分为论文、随感录、通信三部分。从中我们不仅可以了解除独秀的思想主张，而且几乎可以管窥新文化运动中新思想的全貌。

翻开《独秀文存》，从那些摧陷廓清、拨新领异的文章中，我们可以看到陈独秀在倡导民主与科学、致力于为中国人树立新的思想风范和人格楷模上艰苦卓绝的努力。

5 《生活的艺术》

林语堂（1895—1976），东北师范大学出版社1994年汉译本，越裔汉译，收入《林语堂名著全集》第21卷。

林语堂创作的最大特点是"对外国人讲中国文化，对中国人讲外国文化"。从《吾国与吾民》开始，他用纯正的英文进行了

一系列创作，大抵都是"对外国人讲中国文化"，这使林语堂成为国际性的文化名人。

《吾国与吾民》一炮打响后，林语堂举家移居美国。旅美后写成的第一本书就是《生活的艺术》。该书于1937年出版，1938年在美国畅销书排行榜上高居第一名长达52个星期之久。从那以后在美国重印达40次以上，还被译成10多国文字，在欧、亚、拉美数十年畅销不衰。

《生活的艺术》的成功之处在于，它惟妙惟肖地道出了中国人（主要是具备高深中华文化修养的名士）高超别致、非同凡俗的生活方式，以此作为西方人仿效的"生活的最高典型"模式。衣食起居生活方式相对简单且因工业化带来的种种社会病而苦恼的西方人，常常被书中渲染的浪漫的东方情调深深吸引，好些人把它当作"枕上书"。一位书评家撰文说："读完这本书后，我真想跑到唐人街，遇见一个中国人，便向他行个鞠躬礼。"

6 《陶庵梦忆》

（清）张岱（1597—约1679），上海古籍出版社1982年《陶庵梦忆·西湖梦寻》合刊本，马兴荣点校。

该书共收笔记小品123篇。作者张岱，号陶庵，是明朝遗民，寓居杭州。他通过对昔日一些生活琐事的回忆，寄托了追怀故园、眷恋故土的心情。作品内容十分广泛，涉及旧时的茶楼酒肆、歌馆舞榭、说书演戏、养鸟斗鸡、文物古迹、工艺书画等社会生活和风俗人情的各个方面，对历史的社会风情研究极有价值。此书也是文学性很强的笔记。结构精巧，描写传神，给人以亲临其境之感，奇情壮采，笔墨横姿，令人心醉神痴，具有极强的艺术感染力。在明末清初散文中可谓自成一格，颇具特色。《柳敬亭说书》《西湖七月半》都是其中的名篇。

7 《文化苦旅》

余秋雨（1946—），长江文艺出版社2019年出版。

该书为游记散文集。余秋雨，浙江余姚人。《文化苦旅》一书先后获台湾联合报读书最佳书奖、金石堂最具有影响力书奖、上海市出版一等奖。1995年第7次印刷时，销量已达21万册。

作为一个学者，余秋雨也经常"一提笔就感觉到年岁陡增"，长期理性的学术生活容易使人失去生命的弹性，为了追求精神与体魄、深邃与青春的统一，作者离开案头，走出书房，开始远游。

然而他最想去的"总是古代文化和文人留下较深脚印的所在"。

《文化苦旅》以小说的笔法讲述了一个个古代文化方面的故事，它关心历史、文明等宏大的主题，意境幽远，文字优美，夹叙夹议，启发读者思索，是"20世纪90年代以来，反思传统文化、以求建立新时代人文精神的代表之作"。

8 《晏子春秋》
中华书局1982年《新编诸子集成》本。

该书又名《晏子》。作者及成书年代不详。一般认为是后人采缀有关晏子言论、事迹的材料汇编而成。晏子，名婴，字平仲，卒于齐景公四十八年（公元前500），任齐卿，为政有贤才。

全书8卷，包括内篇6卷，外篇2卷，由200多个短故事组成，故事反映了晏婴的生平事迹、政治、哲学观点。晏婴认为，强国之道在于爱民、举贤、行仁、利世，在于以民为本；强调社稷高于国君；重视节俭；重人事而轻鬼神。该书采用讲故事的形式，情节生动，富于文学性。

9 《雅舍小品》
梁实秋（1903—1987），中国文联出版公司1993年版。

梁实秋，1923年从清华学校毕业赴美，入哈佛大学等校研读英美文学批评，在中外文学上都有深厚的功底。一生著译甚丰，译有《莎士比亚全集》40卷，著有《英国文学史》等。

《雅舍小品》34篇，1947年结集出版，从而奠定了梁实秋在现代散文史上的独特地位。美学家朱光潜在此书问世后，写信向梁实秋祝贺："《雅舍小品》对于文学的贡献在翻译莎士比亚的工作之上。"这本薄薄的小册子一直盛行不衰，仅港台就已印行50多版。

《雅舍小品》以人生世态为主要表现对象。作者善于洞察人性的乖讹之处，经过作者的幽默处理，即使缺点也变得有趣。梁实秋的散文让读者在愉快的心情中反省、接受，在会心的一笑中体味生活的真谛，既读懂了自己，也了解了别人。

三 诗歌（13）

1 《诗经》

人民文学出版社 1958年出版的《中国古典文学读本丛书》中《诗经选》，余冠英选注。

《诗经》是中国古代最早的一部诗歌总集，对中国2000多年来的文学发展有着深广的影响。原只称《诗》，后被儒家列为经典之一，故称《诗经》。其编成于春秋时代，现存共305篇，按音乐特点分为"风""雅""颂"三大类。

风，有15国风，即15个地方的风土歌谣，保存了不少劳动人民的口头创作，对当时社会政治生活作了广泛而深刻的反映；雅，分为大雅31篇和小雅74篇。大雅主要是为周统治阶级朝会晏飨、祭祀祖先之用，可称为周朝民族史诗。小雅则除少数宴会乐歌外，主要是反映统治阶级危机并对此表示忧虑的政治诗，以及表现矛盾与战争的丧乱诗。"颂"，分三部分，周颂31篇，鲁颂4篇，商颂5篇。大多为周王朝祭祀宗庙的歌舞曲，或为周室歌功颂德之词。

《诗经》中的各诗篇约为西周初年（公元前11世纪）至春秋中期（公元前6世纪）500多年间作品。它包括时期长，题材广泛，其作品既有"男女相爱"之词，也有揭露政治黑暗、人民苦难的现实诗作。周王室祭祖祀神及歌颂功德作品则提供了关于周兴起、周初经济制度和生活情况的重要资料，是珍贵古代史料。在文学艺术上成就也是多方面的。诗篇形式以四言为主，运用赋、比、兴的手法。其优秀篇章，描写生动，语言朴素优美、音乐自然和谐，富有艺术感染力。汉代传《诗》者有鲁、齐、韩、毛4家，鲁、齐、韩3家为今文诗学，魏晋以后逐渐衰亡。《毛诗》为古文诗学，东汉以后一直盛行不衰。东汉郑玄有《毛诗笺》，唐孔颖达作《毛诗正义》，清陈奂撰《诗毛氏传疏》等，宋朱熹《诗集传》则杂采此3家诗义。该书的选本，人民文学出版社1958年出版的《中国古典文学读本丛书》中余冠英注译的《诗经选》其"前言"对《诗经》作了比较系统的介绍，对《诗经》的注释和今译提出了看法。

2 《楚辞》

上海古籍出版社 1979 年朱熹《楚辞集注》本。

中国诗歌流派众多，但追本溯源，"莫不同风骚"。风是指《诗经》，骚则是指继《诗经》之后出现的我国第二部诗歌总集《楚辞》。

《楚辞》最早为西汉刘向所辑，收集了屈原、宋玉、唐勒、景差等楚国作家以及西汉贾谊、淮南小山、东方朔、严忌、王褒、刘向自己的辞赋作品，其中最主要的作家是屈原。

作为一种新的文学体裁，"楚辞"是屈原在楚国民间歌谣的基础上创制的，与《诗经》相比，篇幅较长，句式较长，而且有"书楚语，作楚声，名楚物"的浓厚地方色彩。

《楚辞》中屈原的作品有《离骚》《天问》《九歌》《国殇》等25篇。《离骚》是其中最著名的篇章，所以"楚辞"也称"骚体"。《离骚》是我国古代最长的抒情诗，它开创了我国积极浪漫主义文学的先河。《诗经》和《楚辞》分别形成了现实主义和浪漫主义两大风格，对中国文学影响深远。

3 《杜工部集》

（唐）杜甫（公元712—770），人民文学出版社1962年出版《杜甫诗选》，冯至等编选。

此书系唐代大诗人杜甫的诗别集，北宋王洙编为20卷，《补遗》1卷，遂为定本。全书将诗歌分为古体、近体两大类，并初步进行编年。前18卷收入诗歌1405首（古体399首，近体1006首），后2卷收入赋赞杂著29篇。

杜甫，字子美，诗中曾自称少陵野老，曾官至检校工部员外郎，故有"杜工部"之称，是我国历史上伟大的现实主义诗人。杜诗内容极为丰富，范围极为广阔，思想极其深刻，雄浑奔放。其大部分作品真实地再现了唐王朝由开元盛世转向分裂衰微的历史过程，故被称为"诗史"。在艺术风格上，杜诗继承和发展了《诗经》《楚辞》以来的现实主义传统，成为我国古代诗歌的现实主义高峰，达到内容与形式的完美统一，《兵车行》《春望》《三吏》《三别》等诗皆为古今传诵。1957年商务印书馆用上海图书馆藏王洙编本，照原书尺寸影印出版，1962年人民文学出版社出版了冯至编选的《杜甫诗选》，其选诗264首，是目前较好的普及本。

4 《李太白集》

（唐）李白（公元701—762），中华书局1977年点校出版。

李白，字太白，号青莲居士，生于西域碎叶，祖籍陇西成纪（今甘肃秦安）。他五岁诵六甲，十岁观百家，十五岁观奇书，作赋凌相如。还好剑术，喜任侠，并游历名山大川，创作了大量诗歌，名扬海内。李白是我国文学史上继屈原之后最伟大的浪漫主义诗人。他的诗反映了盛唐时代经济、文化空前繁荣的景象，也表达了诗人蔑视庸俗的豪放心情，及为摆脱羁绊而对美好大自然的爱悦。作品雄奇豪迈，感情炽烈，幻想丰富，形象鲜明，语言流畅自然，音韵和谐多变。他善于从民歌、神话中吸取营养和素材，具有鲜明强烈的积极浪漫主义精神，对我国诗歌艺术的发展产生了深远的影响。

《李太白集》，清代王琦有辑注本，重加编定，并增《附录》6卷，注释颇为详备。中华书局1977年点校出版。该集共30卷，其中古赋1卷，古诗、乐府5卷，古近体诗19卷，表书序记颂等4卷，诗文拾遗1卷。

5 《乐府诗集》

（宋）郭茂倩，中华书局1979年点校出版。

全书共100卷，主要收录汉代至宋代以前历朝作家的乐府名作，包括汉代以前广为流传的一些古代歌谣。分《郊庙歌词》12卷、《燕射歌词》3卷、《鼓吹曲词》5卷、《横吹曲词》5卷、《相和歌词》18卷、《清商曲词》8卷、《舞曲歌词》5卷、《琴曲歌词》4卷、《杂曲歌词》18卷、《近代曲词》4卷、《杂歌谣词》7卷、《新乐府词》11卷。在每类词曲卷首，编者均作比较详细的说明，对各种类型的歌词、曲调的起源和发展状况都作了审慎的考订。在编排上，将古词古曲排列于前，模仿或后世之作按序编次，源流分明，比较合理。其中收罗了许多散见于各种文献中的民间歌谣。本书有《四部备要》和《四部丛刊》等版本，1979年中华书局出版的点校本便于一般读者阅读。

6 《稼轩长短句》

（南宋）辛弃疾（1140—1207），上海人民出版社1974年版。

辛弃疾，字幼安，号稼轩，历城人（今山东济南）人。早年

参加过北方农民的抗金斗争。投归南宋后，历任湖北、江西、湖南、福建、浙东安抚使等职。因主张抗金，遭到主和派的打击和弹劾，免职后，抑郁而死。他一生坚持抗金路线，反对妥协投降，力主恢复中原，统一中国。他的词作，一扫儿女之情的绮靡之风，雄浑豪放，别具一格。词中无情揭露女真族的统治和南宋主和派屈膝投降的罪行，具有一定的进步意义。

《辛弃疾长短句》《稼轩词》，是南宋大词人辛弃疾的作品集。稼轩是辛弃疾的号。辛弃疾艺术上与苏轼风格近似，而并称为"苏辛"。《稼轩长短句》一书，共收辛词620余首。其词笔势纵横，雄健豪放，不为格律所拘，继承了苏东坡豪放派的词风，并在内容和艺术上进一步开拓了词的境界。如"醉里挑灯看剑，梦回吹角连营"（《破阵子·为陈同甫赋壮词以寄之》），"金戈铁马，气吞万里如虎"（《永遇乐·京口北固亭怀古》）等，都是著名的代表作。另外，作者还善陶铸经史诗文，和运用典故及比兴手法，委婉曲折地表达内心的情思，亦长于白描。词风虽以豪放为主，却不拘一格，沉郁、明快、流丽、妩媚，兼而有之。缺点是有的作品堆砌典故，冷僻晦涩，有"掉书袋"之嫌。

7 《荷马史诗》

（古希腊）荷马（生卒年不详）
《伊利亚特》：人民文学出版社 1958 年汉译本，傅东华译。
《奥德修纪》：上海译文出版社 1979 年汉译本，杨宪益译。

《伊利亚特》和《奥德修记》合称《荷马史诗》。这是古希腊文学中保存下来的最早作品，"它涵盖了几乎整个古典神话大系，使以后的欧洲古典文学，从希腊悲剧到罗马史诗，都隐约出现了荷马的影子"。（朱立民、颜元叔主编《西洋文学导读》）荷马的生平不详，传说他是个瞎眼歌手，现代西方学者认为荷马生活在公元前9世纪或公元前8世纪，是小亚细亚一带的民间歌人。《伊利亚特》和《奥德修记》这两部史诗的情节都以特洛伊战争为背景。《伊利亚特》以"阿基琉斯的愤怒"为主线，描写特洛伊都城伊利昂城外，阿伽门农仗势抢占了希腊英雄阿基琉斯的女友，阿基琉斯受辱出走，然后双方展开激战。《奥德修记》讲的是奥德修斯用木马计攻占伊利昂城之后，回乡途中在海上20年的历险和他返家后恢复王位、夫妻团聚的故事。

《荷马史诗》以历史故事和神话传说为题材，运用简洁巧妙的布局、自然质朴的语言，向我们展现了惊心动魄的战争场面，勾画出传颂千古的不朽英雄形象，如人与神之子阿基琉斯、骁勇善战的特洛伊王子赫克托耳和机智勇敢的领袖奥德修斯等，因此《荷马史诗》又被称为"英雄史诗"。在欣赏英雄的同时，你还将领悟这部史诗一个贯穿始终的思想：热爱生活，热爱劳动，在自然界和威力面前，勇往直前！

8 《草叶集》

（美国）惠特曼（1819—1892），人民文学出版社1987年汉译本，上下两册，楚图南、李野光译。

《草叶集》是19世纪美国作家惠特曼的浪漫主义诗集，共收有诗歌300余首，诗集得名于集中这样的一句诗："哪里有土，哪里有水，哪里就长着草。"诗集中的诗歌便像是长满美国大地的芳草，生气蓬勃并散发着诱人的芳香。它们是世界闻名的佳作，开创了美国民族诗歌的新时代。作者在诗歌形式上有大胆的创新，创造了"自由体"的诗歌形式，打破了传统的诗歌格律，以断句作为韵律的基础，节奏自由奔放，汪洋恣肆，舒卷自如，具有一泻千里的气势和无所不包的容量。

什么是道地的美国特色？英国著名作家毛姆说："他（指惠特曼）的生命力相当充沛，而且善于感受生活的繁复多变、热情与美，以及真正的欢欣和兴奋。美国人有理由把这些特点都看成道地的美国特色。"

"如果我们用一棵大树来表示美国文学的发展"，那么"树干一定是惠特曼的形象"。

"惠特曼把诗歌带回给群众。他告诉我们，诗歌不一定非要到月光、废墟，以及患相思病的少女的悲吟中去寻找。诗同样存在于街头巷尾、火车里、汽车上，也存在于工人、农妇们的工作里，存在于人生的任何时刻。"

《草叶集》之得名，是因为"草是自然界最普通、最平凡的东西"，"在宽广的地方和狭窄的地方都一样发芽，在黑人和白人中间都一样生长"。它开创了"滚滚波涛"的自由体，讴歌民主自由、倡导人类平等、赞颂大自然和劳动群众。在美国文学史上具有显赫的地位，被选入"影响美国特性的12本书"和"美国历史上里程碑式的32本书"。

9 《神曲》

（意大利）但丁（1265—1321），作家出版社1954年汉译本，王维克译。

但丁是政治斗争的牺牲品，37岁时被判终身流放，最后客死拉文那。《神曲》是但丁流放期间用14年时间写出的忧愤之作。全诗分地狱、炼狱、天堂3部。诗人采用梦幻文学的形式，在诗中自叙他在人生的中途（35岁那年），在一片黑暗的森林迷了路，然后在古罗马诗人维吉尔引导下游历地狱、炼狱，最后由贝阿特丽采引导游历天堂。在地狱中，他把暴君、贪官、甚至当时在世的教皇打入第八层受苦，而一批古典文化的伟大代表，如荷马、苏格拉底、柏拉图、亚里士多德等人，他们虽作为异教徒而进入地狱，但是诗人为他们在第一层安排了一个幽静美丽的地方，毫不受苦。

《神曲》第一次鲜明地表现了人文主义新思想。它关心人类命运，宣扬个性解放，歌颂知识的力量，赞美人的才能和智慧。

关于阅读方法，作家艾略特认为：千万不要期望能够全部了解—— 因为许多著名学者对其中的含义，仍在不断争论。我们只要觉得读了有益就行了。

10 《叶甫盖尼·奥涅金》

（俄罗斯）普希金（1799—1837），上海译文出版社1982年汉译本，冯春译。

"应该把普希金流放到西伯利亚去。他弄得俄罗斯到处都是煽动性的诗，所有的青年都在背诵这些诗。"这是沙皇亚历山大一世说过的话。

《叶甫盖尼·奥涅金》是普希金著名的诗体长篇小说，开创了"奥涅金体"十四行诗的形式。贵族青年奥涅金厌倦城市社交生活，来到乡间庄园居住。他傲慢地拒绝了贵族少女达吉雅娜的爱情。后来又在决斗中打死了挚友连斯基，怀着悔恨的心情漫游全国。重返彼得堡后，再次遇到已成为贵妇人的达吉雅娜，他追求她，但遭到拒绝。奥涅金是俄国文学中第一个"多余的人"的形象。他在精神上高于一般贵族，不愿同流合污。他也是普希金对十二月党人失败后贵族先进人物的精神面貌所作的艺术概括。

普希金这位俄国文学的骄子1837年2月8日也参加过一场决斗，但是他并没有像笔下的奥涅金一样成为胜方，对方是法国流亡贵族丹特士。两天后，普希金重伤不愈而亡。

11 《失乐园》

（英国）弥尔顿（1608—1674），商务印书馆1938年汉译本，傅东华译。

弥尔顿是17世纪英国最主要的诗人、思想家和政论家，他把"文艺复兴的渊博学识和宗教改革的叛逆精神融进了自己的天才"。他16岁进入剑桥大学，在那里，他获得了文学学士和文学硕士。他拥护议会政治，为自由不懈地斗争，至死不渝。在生活上他并不幸福。

伟大的史诗《失乐园》花费了他晚年10年的心血，当时已失明的他只能口授，由他的朋友和外甥等笔录下来，然而这部杰作仅仅被出版商付了5英镑的稿酬。《失乐园》（*Paradise Lost*）全文12卷，以史诗一般的磅礴气势揭示了人的原罪与堕落。诗中叛逆天使撒旦，因为反抗上帝的权威被打入地狱，却仍不悔改，负隅反抗，为复仇寻至伊甸园。亚当与夏娃受被撒旦附身的蛇的引诱，偷吃了上帝明令禁吃的分辨善恶的树上的果子。最终，撒旦及其同伙遭谴全变成了蛇，亚当与夏娃被逐出了伊甸园。该诗体现了诗人追求自由的崇高精神，是世界文学史、思想史上的一部极重要的作品。

《失乐园》取材于《旧约·创世纪》的故事，但作者成功地用它来表达了全新的时代精神。长诗规模宏伟、气势壮阔，具有史诗特色。美国传记作家亨利·托马斯和黛娜·莉·托马斯在书中写道：创作《失乐园》时的弥尔顿是"一个邀请众神和天使们下凡的基督教的荷马"。

12 《吉檀迦利》

（印度）泰戈尔（1861—1941），上海译文出版社1986年汉译本，吴岩译。

"在那里，心是无畏的，头也抬得高昂；

在那里，知识是自由的；

在那里，世界还没有被狭小的家园的墙隔成片断；

在那里，话是从真理的深处说出；

在那里，不懈的努力向着'完美'伸臂；

在那里，理智的清泉没有沉没在积雪的荒漠之中……"

这是诗人对神的礼赞，表达了他对人生理想的探索和追求。诗人笔下的神是神秘的，"他是谁？"诗人自己说："真的，我说不出来。"

13 《罗摩衍那》

（印度）蚁垤，人民文学出版社1980—1984年汉译本，季羡林译。

从这套书中会走出十车王和他的3位王后、4个儿子、2个国师、儿媳悉多，还有驼背宫女曼他罗。它与《摩诃婆罗多》并称为印度古代两大史诗。"罗摩衍那"原意是"罗摩的漫游"，也可称为"罗摩的生平"，罗摩是十车王的长子。作者蚁垤是一位伶工，他对以前口耳相传的《罗摩衍那》做了加工整理工作，使它在内容和风格上都得到了较好的统一。全书共7篇，描绘了罗摩和悉多悲欢离合的故事。

这部神话史诗对文学和宗教信仰都产生了深远的影响。它开辟了印度古代长篇叙事诗的道路，诗中对政治、爱情、战斗和风景的生动描绘，奠定了印度后世长篇叙事诗的四大要素。随着佛经的翻译，《罗摩衍那》的篇名和故事也传入中国。

四 戏剧、童话等其他文学体裁（16）

1 《莎士比亚全集》

（英国）莎士比亚（1564—1616），人民文学出版社1978年汉译本，共11卷，朱生豪等译。

在西方，一般人家都少不了两本书，一本是《圣经》，一本是《莎士比亚全集》。莎士比亚的许多语言已成为构成英语整体的必不可少的部分。一些名句集锦之类的书籍大量摘引莎士比亚的文句。1953年出版的《牛津名句词典》中莎士比亚占65页，《圣经》27页，弥尔顿14页。在全世界，莎士比亚的地位和影响也是独一无二的。现在，莎士比亚研究机构遍及世界各地，莎剧在世界各国舞台上牢牢占领着霸主的地位。

在许多国家，莎士比亚所受到的推崇甚至超过他们本国的任何一个作家。后世的大作家，除少数以外，都对他赞不绝口。海涅把莎士比亚比作照耀英国国土的"精神上的太阳"。法国作家雨果说莎士比亚的创作博大得达到人和神的两极，他的作品表现了高深的哲理，能供给人以"高贵的养汁"，而他天才的光辉更是永远照耀着人们的心灵。

莎士比亚是外国大作家中最早被介绍到中国来的。我国最早翻译莎翁作品是在20世纪初，以1904年林纾和魏易译的《吟边燕语》影响较大。在旧时代的大学里，一般在外文系开设莎课，戏剧家曹禺和李健吾都曾在清华大学师从王文显教授学过莎士比亚，曹禺在1944年还翻译了《罗密欧与朱丽叶》。

正如莎士比亚同时代的剧作家本·琼生所说："莎士比亚不属于一个时代而属于所有的世纪。"

《莎士比亚全集》收录了莎翁留存后世的全部37个剧本和他的全部诗歌。据统计，莎士比亚作品一共被30位推荐者推荐过，除8位推荐的是《莎士比亚全集》或《莎士比亚戏剧集》以外，其他推荐者推荐的都是其中的单行本。《哈姆莱特》被单独推荐8次，《李尔王》5次，《奥赛罗》2次，《罗密欧与朱丽叶》2次，还有两位哈佛大学教授推荐了《亨利四世》。

2 《浮士德》

（德国）歌德（1749—1832），人民文学出版社1959年汉译本，郭沫若译。

《浮士德》是歌德以毕生心血融成的诗剧，创作时间长达60年之久，贯穿了歌德的全部写作生涯。全剧包括两部52场，以主人公浮士德博士的思想发展为线索,描绘了他探索真理的一生。浮士德是一位年过半百的学者,魔鬼靡非斯特与天帝打赌,自信能将他引入魔路。于是魔鬼带浮士德漫游世界。在魔鬼的引导下,浮士德喝了魔汤返老还童,在经历了求知的烦恼、爱情悲剧、政治失望和追求古典美的幻灭后,最终填海成功,开始建设理想的王国。此时百岁老人浮士德终于感到了满足,在他喊出"你真美呀,请停留一下"的瞬间,倒地而死。

浮士德的一生是追求真理、探索不息的一生,他上天入地、出生入死,而且永不满足。诗剧通过他的形象,艺术地概括和展望了人类的前途和命运。

3 《玩偶之家》

(挪威)易卜生(1828—1906),人民文学出版社1963年版,潘家洵译。

三幕话剧《玩偶之家》是易卜生的代表作,主要写主人公娜拉从爱护丈夫、信赖丈夫到与丈夫决裂,最后离家出走,摆脱玩偶地位的自我觉醒过程。蹇昌槐在《外国文学简明教程》中写道:娜拉出走了,最后那砰然一响的关门声,响彻了全欧,震撼了每个人的心灵。至于主人公离开以后怎么办?她将怎样生活?……作者没有回答。娜拉的觉醒乃至出走本身就是值得称道的,因为人的觉醒、人的精神反叛乃是获得现实解放的必要前提。

易卜生是19世纪西欧最杰出的批判现实主义戏剧家。他把戏剧用作表现社会生活、讨论社会问题的手段,创作了一系列社会问题剧。《玩偶之家》是他的代表作,在这里,作者提出了婚姻、家庭和伦理道德的问题,虽然这部戏剧并不能为我们彻底解决这些问题,例如鲁迅先生曾以《娜拉出走以后怎样》为题作过讲演,为娜拉走向社会后的生计问题担忧。但是善于发现问题、提出问题已经是戏剧家的成功。

4 《西厢记》

(元)王实甫(生卒年不详),人民文学出版社1994年版,张燕瑾校注。

全名《崔莺莺待月西厢记》,杂剧剧本。王实甫,生卒年不详,大都(今北京)人,明代贾仲名评价他:"作词章,风韵美。士林中,等辈伏低。新杂剧,旧传奇,《西厢记》,天下夺魁。"

剧本通过飘零书生张珙与相国小姐崔莺莺这一对才子佳人的悲欢离合故事,歌颂了他们争取婚姻自主的胜利,表达了"愿天下有情的都成了眷属"的美好愿望,从而极大地鼓舞了后代男女青年勇敢地去追求自由的爱情。《红楼梦》中的林黛玉曾赞美它"曲词警人，余香满口"。

全剧故事自然完整，一气呵成。主要人物的性格既有典型性，又有个性特点，刻画主角的心理活动细致入微，十分成功。而且文辞优美，诗意浓厚，有"花间美人"之称。

5 《桃花扇》

（清）孔尚任（1648—1718），人民文学出版社1963年版，王季思等校注。

孔尚任，兖州曲阜（今山东曲阜）人。孔子第64代孙。

《桃花扇》是一部写南明王朝兴亡的历史剧。明末复社著名人物侯方域蛰居南京，与秦淮名妓李香君相识相爱，侯赠李以宫扇作定情之物。阉党阮大铖为收买侯，托人赠送丰厚妆奁，被香君坚决拒绝。阮借此诬侯方域谋反，侯外出逃难。南明小朝廷时期，阮大铖、马士英都做了高官，逼迫香君嫁给新任漕抚田仰。香君誓死不从，以头撞地，血溅宫扇。后杨龙友将宫扇点缀成一枝血色桃花。清兵南下，南明朝廷与阉党灰飞烟灭。侯、李二人在栖霞山重见，一齐出家。

6 《俄狄浦斯王》

（古希腊）索福克勒斯（公元前496—前406），人民文学出版社1979年汉译本，罗念生译。

俄狄浦斯的生父、忒拜王拉伊俄斯从神谕中得知其子将杀父娶母，因而将他一生下来便丢弃了，俄狄浦斯成了科任托斯国王的养子。他长大后从神谕中得知自己将杀父娶母，为了逃避可怕的命运，他离开"父母"。在一个三岔路口，他因与人争执，杀死了车上的老人，即微服私访的忒拜王，他的生父。然后他又以自己的才智为忒拜铲除了狮身人面女妖斯芬克斯，被忒拜人拥为国王，并娶了前王的王后即他的生母。俄狄浦斯王即位16年时，一场瘟疫笼罩忒拜城，神示必须查出杀死先王的凶手方可消灾。俄狄浦斯忧心如焚，发誓追查，最后真相大白，王后羞愧自杀，俄狄浦斯刺瞎双眼，自我流放。

全剧通过俄狄浦斯与命运抗争终告失败的悲剧故事，歌颂了主人公对城邦、人民的责任感和坚强的意志，同时对命运的合理性提出了怀疑。亚里士多德称赞它是"十全十美的悲剧"。

7《长生殿》

（清）洪昇（1645—1704），人民文学出版社1963年版，王季思等校注。

《长生殿》剧名来自白居易《长恨歌》："七月七日长生殿，夜半无人私语时。"该剧取材于唐玄宗和杨贵妃的爱情故事。杨玉环入宫被封为贵妃，专幸夺宠，与玄宗终日宴游玩乐，7月7日在长生殿对牵牛织女发誓世世代代结为夫妻。安史之乱爆发后，玄宗被迫入蜀，行至马嵬驿，将士杀死了祸首杨国忠，并逼贵妃自缢。贵妃死后，魂归蓬莱，仍思念玄宗。战后玄宗回京，日夜思念贵妃。二人信守前盟的精诚终于感动天地，他们在月宫得以团圆。

作者既歌颂了李、杨二人缠绵悱恻、超越生死的爱情，又揭露了最高统治者荒淫误国、祸害百姓的罪行。全剧场面壮大宏伟，情节变幻曲折，极富浪漫主义色彩，唱词清丽流畅，充满诗情画意。与孔尚任《桃花扇》合称清代传奇戏曲的两大杰作。

8《雷雨》

曹禺（1910—1996），人民文学出版社1994年版。

曹禺，湖北潜江人。自幼爱好文艺，在上南开中学时即开始了话剧生涯。《雷雨》写成时，他还是清华大学西方语言和文学专业的一名学生。

《雷雨》共4幕。剧本以一天的时间（上午到午夜两点）、两个场景（周家客厅和鲁家住房），集中展示周鲁两家前后30年复杂的矛盾纠葛，描写了一个以周朴园为代表的家庭悲剧。

作者运用了古今中外戏剧表现的优秀技巧，剧情冲突紧张曲折，悬念迭出，语言极富个性色彩和弹性，结构也独具匠心。具有经久不衰的艺术生命力。1997年，这部4幕话剧被改编成20集电视连续剧，再度掀起《雷雨》热。

9《牡丹亭》

（明）汤显祖（1550—1618），商务印书馆1954年版。

汤显祖，临川（今江西临川）人。他写作的《牡丹亭》《紫钗记》《邯郸记》《南柯记》被称为"临川四梦"。汤显祖曾说："一生四梦，得意处惟在牡丹。"可见，《牡丹亭》是他最满意的作品，它在中国戏曲史上有很高的地位。《牡丹亭》全名叫《牡丹亭还魂记》，全剧55出，写深闺少女杜丽娘与广州书生柳梦梅的爱情故事。又是一篇歌颂男女青年勇于追求自由爱情的力作。

杜丽娘相思成疾而亡，柳梦梅与杜丽娘鬼魂相爱而后丽娘死而复生，这些情节充满了积极的浪漫主义色彩，再加上形象富有鲜明的个性，曲词十分优美传神，难怪有娄江女子娄二娘，读《牡丹亭》断肠而死；杭州女伶，因演出《牡丹亭》伤心而死的悲惨后话。由此也可见《牡丹亭》艺术感染力之强。

10 《随笔集》

（法国）蒙田（1533—1592），湖南人民出版社1987年《蒙田随笔》汉译本，梁宗岱、黄建华译。

《随笔集》是蒙田日积月累完成的，反映了作者的思想发展和变化。全书3卷107章，各章长短不一，结构故意松散自然，内容包罗万象。在总结关于生活基本经验的基础上，蒙田在他的书中写了悲伤、闲暇、恐惧、友谊、睡眠、名字、书籍等。这些文章生动亲切，平易明畅，富有生活情趣。"然而，当他写痛苦和死亡，联系到他自己同肾石的长期斗争，以及他所爱的那些人的死时，当他写他对信仰的需要，以及人对自我认识的需要时，我们最受感动。"

《为雷蒙德·塞朋德辩护》是《随笔集》中著名的最长的一章，他利用了希腊哲学家皮浪的怀疑主义。蒙田承认，人类心灵在确切了解任何事物时都可能犯错误，提出了自己的座右铭"我知道什么？"他反复问道："假如我们连我们自己都不知道，我们还能知道什么呢？"他的怀疑论便由此导向自我探索。

《随笔集》影响很大，英国的培根、莎士比亚、拜伦、爱默生、赫胥黎等人的作品中都反映了蒙田的思想影响。现在蒙田的读者已遍布全世界，他被视为良师、益友和写随笔的巨匠。

11 《一千零一夜》

人民文学出版社汉译本，纳训译。

国王因家庭不幸（王后与人私通）杀死王后，并从此讨厌妇女，每天要娶一位处女，第二天早晨便杀掉，全城一片恐慌。这时，一位勇敢的少女为拯救无辜的姐妹，自愿嫁给国王。她用讲故事的方法引起国王的兴趣，使国王暂不杀她。这样她连续讲了一千零一夜，国王终于被感化，放弃了残暴行为，并立她为王后。这是《一千零一夜》的第一个故事，《一千零一夜》也因此得名，这个小故事起着穿针引线的作用，把全书的故事连接在一起。事实上，《一千零一夜》决非一人一时一地之作，而是中近东地区广大民间艺人、文人作家集体智慧的结晶。它也并没有讲1001个故事，全书大小故事共260多个，包括神话传说、童话、寓言、道德训诫故事、历史故事、恋爱故事、航海经商冒险故事等。《阿里巴巴与四十大盗》《渔翁的故事》以及《阿拉丁和神灯的故事》这些早已为广大读者所熟知。

这部民间故事集奇迹般地在世界文学名著中占有显赫的地位。高尔基誉之为人民口头创作的"最壮丽的一座丰碑"。作家司汤达说，希望上帝让他忘记《一千零一夜》的故事情节，以便再读一遍，重温书中的乐趣。英国乔叟的《坎特伯雷故事集》、意大利薄伽丘的《十日谈》，无论是在结构上还是内容上，都明显受到《一千零一夜》的影响。当代小说《百年孤独》中出现的"飞毯""会飞的床单""神灯"等也明显来自于《一千零一夜》。直到今天，它仍然拥有世界范围的广大读者，特别是少年儿童。

12 《格列佛游记》

（英国）斯威夫特（1667—1745），人民文学出版社1962年汉译本，共4卷，张健译。

美国唐斯博士在《塑造现代文明的111本书》中写道："文学史上有一怪事，即英语语言中最伟大的讽刺作品竟然属于儿童文学，而且被蛮横地删掉了许多，这就是《格列佛游记》。这部小说对人类的愚蠢、邪恶和不检点进行了无情的讽刺与诅咒。"斯威夫特描写了四次想象中的旅行。主人公格列佛是船上的一名外科医生，非常喜欢旅行，天天都想到外国去。这位格列佛的描述非常具体而真实，以致于当时有些读者真的到地图册里去寻找利立浦特、布罗卜丁奈格、勒皮他飞岛和彗骃国。

1985年美国《生活》杂志举行百万读者评选活动，将此书列为人类有史以来的20本最佳书之一。

13 《湖滨散记》

（美国）梭罗（1817—1862），上海译文出版社1982年《瓦尔登湖》汉译本，徐迟译。

《湖滨散记》（又译《沃尔登》《瓦尔登湖》《沃尔登，或林中生活》）被列为美国历史上里程碑式的32本书之一。这本书大约有200种不同的版本。它的主题不是地方性的，而是世界性的。历经100多年以后，它仍然"像雄鸡一样高唱"，"以唤醒我的左邻右舍"。

1845年，梭罗到康科德附近树林中的沃尔登湖畔盖起一间简陋的小屋，在那里，他生活了两年。《湖滨散记》详细描述了林中的自然环境以及作者在林中的生活。以这些日常生活中所发生的事情、本人的好恶以及脑力和体力劳动为出发点，梭罗严肃地探讨了人生的意义及我们自身生存于其中的宇宙的奥秘。

梭罗的散文平易明晰，流畅自然，在对自然界的描写中渗透着强烈的个性，且具有浓厚的生活气息。美国人麦吉尔主编的《名著提要》称："西半球还不曾产生过比它（指《湖滨散记》）更富于创见性的著作，也没有什么概括性文字能恰当地表达出梭罗的思想智慧或行文之优美。"

14 《艾丽丝漫游奇境记》

（英国）卡罗尔（1832—1898），百花洲文艺出版社2013年，孙亚娴译。

卡罗尔是牛津大学基督堂学院数学讲师。他因为口吃严重，对成年人不能畅谈，但是他经常为儿童讲故事。1862年的一天，他给邻居的女儿讲述了一个故事：富于幻想的小女孩艾丽丝，跌进了兔子洞，到了一个"奇境"。她身体缩小又拼命长高；遇到了团团转的兔子、发脾气的红心王后、疯疯癫癫的帽子商、吸水烟的毛毛虫；还参加了一次七颠八倒的茶会，玩了一阵以火烈鸟为槌、刺猬作球的槌球戏。最后，她醒来发现是在草地上做了一个梦。

后来，在朋友的怂恿下，卡罗尔将这个故事修改后交付出版，从此一举成名。不但"英美的小孩子没有一个人不曾读过本书的"，就连怀特海、罗素、爱丁顿这样的大哲学家、心理学家，也对此书赞不绝口。随后，哈佛大学出现了《艾丽丝漫游康桥记》，伯克利加州大学出现了《艾丽丝漫游伯克利记》，沈从文还写出了《阿丽思中国游记》，看来，《艾丽丝漫游奇境记》的确是一本让成年人也不能不爱的儿童读物。

15 《回顾》

（美国）贝拉米（1850—1898），商务印书馆1963年汉译本，林天斗、张自谋译。

1887年，韦斯特在一个地下室靠催眠术进入了梦乡。晚上掌握解除催眠术的男仆因住宅失火被烧死，韦斯特因此长眠地下113年，直到2000年的一天才被发现。在这期间，世界已发生了根本性的变化。生产资料私有制已被消灭，一切按劳分配，所有男女都被免费教养到21岁，然后每个人都有指定的职业，每个人在45岁退休后都尽享余年。这是一个电子化和自动化的2000年的模范世界，这里充满安全和丰足，人人平等，犯罪闻所未闻，没有军队，社会舆论决定一切。

《回顾》1888年在美国出版后，书中所揭示的未来世界广受欢迎，销量高达100多万册。1891年被介绍到中国，对康有为、梁启超都有过影响和启发。陈平原把《百年一觉》（即《回顾》）与《茶花女》《华生包探案》列在一起，认为是晚清最早对中国产生影响的三部西方小说译作。现在100多年过去了，显然，贝拉米所设想的理想社会还不能实现，然而《回顾》的主题——资源和生产力的全社会化，仍然是现代文明中人们努力探讨的问题，一代代人追求"大同"的理想并未泯灭。

16 《伊索寓言》

（古希腊）伊索，人民文学出版社1963年汉译本，周启明译。

《伊索寓言》相传为伊索所编，是公元前6世纪的产物。伊索是传说中的人物，他是一个获得了自由的奴隶。《伊索寓言》经常采用使动物拟人化的手法，通过一系列虚构的故事，来说明一些道德问题，给人以教益。例如《农夫和蛇》总结了人民的生活教训，《驴子与狐狸》歌颂了人类美德、讽刺恶习。

《伊索寓言》短小精悍，结构简单，语言精练，它通过虚构的拟人小故事，总结了许多人类普遍的生活经验。这些故事浅显易懂，却晓喻出一个个深刻的道理。其中有许多典故被人们时常引用。《伊索寓言》倍受世界各国人民喜爱。早在1625年，《伊索寓言》就被介绍到我国，取名《况义》。

五 经典文集（9）

1 《文选》

（南朝梁）萧统（公元501—531），中华书局1977年点校本。

《文选》是由南朝梁萧统编选的一部我国现存最早的诗文总集。萧统，字德施，南兰陵（今江苏武进附近）人，是南朝梁武帝萧衍长子。他博览群书，爱好文学。《文选》是他召集当世著名文人学士于东宫共同商榷编定的，因萧统死后谥"昭明"，所以后来又称《文选》为《昭明文选》。

全书原为30卷，唐代李善作注析为60卷。共分为赋、诗、骚、诏、册、令、教等38类。大致可分为诗歌、辞赋、杂文三大部分，计诗歌434首，辞赋99篇，杂文219篇。所选作家，除无名氏外，共129人。选文甚严，文质并重，梁以前优秀文人的作品绝大部分都被收录，而且入选篇章在各个时代均有代表性，不失为一部代表当时文学观点的好选本。

《文选》为研究先秦至梁的文学发展提供了比较系统的资料，而且对隋唐以后的教育提供了一个文学范本。该书流传中受到人们普遍重视，自唐以后成为知识分子的必修课本，对于《文选》的研究和注释后来成为一项专门的学问，即"文选学"。此书注释本颇多，1958年商务印书馆出版李善注释的《文选》本，1977年中华书局出版了根据清代胡克家刻本重新校勘整理的《文选》本，颇便于普通读者阅读。

2 《陶渊明集》

（东晋）陶渊明（公元365—427），上海古籍出版社1981年出版唐满先选注的《陶渊明诗文选注》。

《陶渊明集》是我国文学史上伟大诗人陶渊明的作品汇集。陶渊明，字元亮，一说名潜，字渊明，号"靖节先生"。他出身于官宦之家，41岁时离开官场，归隐田园。陶渊明长于诗文辞赋，其诗作继承了五言古诗的优良传统，运用朴素而凝练的语言形成平淡自然而韵味隽永的独特风格。《归园田居》《怀古田舍》《移居》等作品充满了对士族社会的憎恶和对田园生活的热爱。他为古典诗歌开辟了田园诗的新方向。他的辞赋散文，如《归去来辞》《闲情赋》等挥洒自如，不事藻绘。其中以《桃花源记》最为有名。它描写了优美淳朴的农村生活，寄托了作者的社会理

想。陶渊明的作品对后世诗文创作影响颇大，唐以后文学家对他评价甚高。沈德潜说："唐人祖述者，王维有其清腴，孟浩然有其闲远，储光羲有其朴实，韦应物有其冲和，柳宗元有其峻洁，皆学陶焉而得其性之所近。"

陶渊明作品今存诗120余首，文10多篇，辑为《陶渊明集》。

梁萧统编为8卷，后北齐阳休之改编为10卷。1957年人民文学出版社出版王瑶编注《陶渊明集》，1979年中华书局逯钦立校注《陶渊明集》，1982年上海古籍出版社出版唐满先的《陶渊明诗文选注》等均便于阅读。

3 《鲁迅全集》

鲁迅（1881—1936），人民文学出版社1981年出版。

鲁迅，字豫才，浙江绍兴人。幼时就读于私塾，受诗书经传教育和民间文艺、乡里先贤著述影响。1896年入南京新式学堂就读，6年后赴日留学，后弃医从文。1909年回国后，一直从事教育和文学创作。作品以《狂人日记》《阿Q正传》等最为著名。

《阿Q正传》的创作从属于作者一生致力的改造国民性与本民族中的劣根性的历史主题，而阿Q形象正是不觉悟的落后的国民性的典型。它以辛亥革命前后10年间的中国社会生活为宏观的历史背景，以"阿Q"的"行状"为基本的情节线索，在宏观与微观、历史与现实的交叉点上，揭示出了一幅幅真实而生动的生活图画，展现了忧愤深广的历史内容。鲁迅自己说过，写《阿Q正传》的目的，是要"写出一个现代的我们国人的魂灵来"，"要画出这样沉默的国民的魂灵来"。因而，小说一问世，就对国人的心灵产生巨大的震动，阿Q形象、阿Q精神成为一种生活中的共鸣，成为人们的"口头禅"，它激发人们反思自己，反思整个民族性格的历史发展，审视民族的现在与展望民族的未来。

4 《东坡全集》

（北宋）苏轼（1037—1101），人民文学出版社陈迩冬选注《苏轼词选》《苏轼诗选》。

苏轼，字子瞻，一字和仲，号东坡居士，死后追谥文忠，眉州眉山（今属四川）人。苏轼为宋文坛大家，其诗、词、散文、书法等都取得很高成就，标志着北宋文学发展的高峰。他的散文，向来同"韩、柳、欧阳"三家并称。为文汪洋恣肆，明

白畅达，是"唐宋八大家"之一。《贾谊论》《留侯论》无不雄辩透辟，《石钟山记》《赤壁赋》笔致凝练，文情淋漓，更是流传千古的文苑奇珍。他的诗内容丰富，题材广泛，真切动人。数量众多的咏物诗，充满生活情趣，形象鲜明逼真，如广为传咏的《题西林壁》《饮湖上初晴后雨》等。苏轼的词在我国词的发展史上有着特殊的地位，为宋代豪放派词的创始人。他的词大大突破了专写男女恋爱、离愁别绪的内容旧式和必须依声填丽词的传统藩篱，使词成为一种独立的文学体裁面向较为广阔的社会人生。举凡山川景物、农舍风光、历史古迹等都在他的词中得到不同程度的表现。在词风上"一洗绮罗香泽之态，摆脱绸缪婉转之度"，振之以劲拔豪迈，排宕激昂。《水调歌头》《念奴娇》等不朽篇章令人荡气回肠。刘辰翁曾云："词至东坡，倾荡磊落，如诗，如文，如天地奇观。"他的另一些词清旷奇逸，疏俊高雅，真挚细腻，如《江城子》《水龙吟》。《东坡全集》110卷，是苏轼的诗文汇集。有《四部备要》本，分《前集》《后集》《续集》《奏议集》《外制集》《内制集》《应诏集》七种，故又称《东坡七集》。具有文学价值的作品大都在前三集，基本上包括了他的诗、词、散文、书简、序论等。人民文学出版社出版了陈迩冬选注的《苏轼词选》和《苏轼诗选》，是目前较好的普及本。

5 《李清照集》

(宋)李清照（1084—1155），人民文学出版社1979年校注本。

李清照，号易安居士，济南章丘邑人。她是我国文学史上著名女词人，且工书，能文，通音律。早年生活优裕，与其夫赵明诚共同致力于书画金石的搜集整理，作品多闲情雅趣。金兵入侵后，流离南方，明诚病死，境遇凄苦。她的诗多表现出极高的爱国热情，对生活在侵略者铁骑下的劳苦人民寄予深切同情。词的风格也从清俊旷逸变为怆凉沉郁，多写故园黍离之悲，给南宋辛稼轩、陆游等爱国词人以深刻影响。李清照词，令慢均工，擅长白描，善用口语，能炼字、炼意、炼格，形成独特"易安体"。李清照是众所公认的"婉约派"正宗词人。《李清照集》分3卷，卷1为词，卷2为诗，卷3为文。其《词论》一篇，强调协律，崇尚典雅、细致，提出词"别是一家"之说，反对以作诗之法作词。

6 《临川集》

（北宋）王安石（1021—1086），1958年中华书局点校本。

《临川集》，又名《王文公集》，是北宋王安石的诗文全集，共100卷。王安石，字介甫，号半山，北宋临川（今江西临川）人。出身官宦，从小随父游历各地，喜诗书，议论脱俗，好为文章，有经世之志。北宋熙宁二年（1069）任参知政事，开始政治改革，推行新法以富国强兵。死后封为荆国公，世称王荆公。王安石是我国古代杰出的政治家、文学家，诗文都取得极高成就，为"唐宋八大家"之一。其散文以政论著称，如《答司马谏议书》《读孟尝君传》等，抨击时弊，结构严谨，笔力雄健，立意超卓，论辩透辟，具有很强的说服力；游记以《游褒禅山记》最为著名；诗歌反映了较为广阔而深厚的社会内容，富有积极进取精神，以新颖的意境、率直简约的风格彪炳于北宋诗坛。其词作虽不多，但风格高峻，《桂枝香·金陵怀古》是其代表作。《临川集》分为诗、赋、集句38卷，文62卷。1958年中华书局以南宋詹大和校定本为底本，参照其他刊本校勘补订出版的《临川先生文集》是目前较好的版本。该书收罗较全，对了解宋代的政治、文学具有重要参考价值。

7 《文山先生全集》

（南宋）文天祥（1236—1283），江西人民出版社1987年出版《文天祥全集》，熊飞、漆身起、黄顺强点校。

文天祥，字履善，一字宋瑞，号文山，江西吉安人。南宋宝祐四年（1256）中进士，官到右丞相。入仕后力主抗元，屡历坎坷危难。祥兴初（1278）在五坡岭（今广东海丰北）被俘，誓死不降。赋《过零丁洋》，其中"人生自古谁无死，留取丹心照汗青"为千古名句。后移囚北京，终以不降就义于大都。文天祥是我国历史上著名的民族英雄，他的诗歌直接继承了杜甫的艺术风格和现实主义精神，尤其是他那"忠肝义胆"的爱国精神和民族气节，更具有激发人心的力量。全集共计20卷，分《文集》12卷（其中诗词2卷，文10卷），《指南录》1卷，《指南后录》1卷，《吟啸集》1卷，《集杜诗》1卷，《纪年录》1卷，拾遗1卷。附录传记、祭文等2卷，其中不少作品，例如《扬子江》《正气歌》等传诵千古，全集皆收入《四部丛刊·集部》。

8 《曾国藩全集》

（清）曾国藩（1811—1872），湖南岳麓书社本。

曾国藩，字伯涵，号涤生，湖南湘乡人，中国近代政治、思想界的重要人物。他较早认识到学习西方科学技术的重要性，是洋务派早期领袖之一。而且十分推崇传统文化，欲以程朱理学挽救世道人心。

《曾国藩全集》为全面、深入研究这一重要历史人物提供了基础资料。

曾氏文章先有李瀚章为之编成《曾文正公全集》，始刊于1877年，共164卷。后几经增补，近年有湖南岳麓书社重新编辑刊刻为《曾国藩全集》，计有奏折8册，日记3册，家书2册，诗文1册，读书录1册。这部全集充分利用了湘乡曾氏家族旧藏，参考了台湾影印资料，又从各方面尽量采辑未收原件，堪称全备。

9 《朱自清全集》

朱自清（1898—1948），江苏教育出版社1988年出版，朱乔森编。

朱自清，字佩弦，本名自华，号秋实，原籍浙江绍兴，江苏扬州人，是我国"五四"以来最有影响的散文家、诗人和学者，又是中外著名的"最有骨气"的爱国民主战士。他一生在新诗、散文创作、文艺批评和古典文学研究方面成绩卓著。早期诗作表现对黑暗现实的忧愤和对光明美好的憧憬；散文风格素朴缜密，清隽沉郁，感情真挚，语言洗练。《背影》《荷塘月色》等名篇堪称中国现代散文之典范。

《朱自清全集》，朱乔森编，由江苏教育出版社1988年出版。全集前3卷为散文、杂文编。第一卷约30万字，收《背影》《欧游杂记》等散文集；第二卷约28万字，收《读书指导》《新诗杂话》《国文教学》3个集子；第三卷收《语文零拾》《背形及其他》《标准与尺度》《论雅俗共赏》4个集子；第五卷为诗歌编，收新诗、歌词和旧体诗词330首，其中新诗61首；第六卷为学术论著编，收《经典常谈》《诗言志》《中国歌谣》3个集子。

六 文学、艺术、教育与理论（10）

1 《文心雕龙》

（南北朝）刘勰（约公元465—约532），齐鲁书社1988年版，陆侃如、牟世金《文心雕龙译注》。

中国第一部文学理论专著。齐梁间著名学者刘勰撰。全书5卷50篇，其中《原道》《征圣》等3篇为总论，强调文章写作要以儒家之道为依据，以圣人为榜样，以经书为范本。《明诗》《诗赋》等20篇为文体论，每篇分论一种或两三种文体。《熔裁》《比兴》等15篇为创作论，分论创作过程、作家个性风格等。《知音》《才略》等9篇为批评论，讨论文学批评的方法和标准。最后一篇为《序志》，说明写作动机和全书结构。《文心雕龙》是中国古典文学理论的一部巨著，第一次建立了中国式的文学理论体系，全面分析了文学理论的基本问题，在中国古代文学理论和文学批评发展史上，有极其重要的地位。对后世的文学创作、文学理论、文学批评和文学史的研究，产生了深远影响。

2 《诗品》

（南北朝）钟嵘（公元466—518），人民文学出版社1963年版，郭绍虞《诗品集解》。

中国第一部诗歌理论著作。全书3卷，对汉魏以来五言诗进行总结，共收录汉魏至齐梁间诗人122位，并将他们分为上、中、下三品，每品1卷。3卷前各有序言，今人把三序合而为一，总称《诗品序》或《总论》，叙述了五言诗的起源和发展史、《诗品》的体例、特点和品评范围，论述了声律论的弊病等问题。正文部分对六朝的形式主义诗风和五言诗进行了批评，提出了自己独特的评诗标准"滋味说"，并对古往今来的五言诗进行品味。《诗品》以其巨大的魅力影响着后世诗歌创作和诗歌理论，可与《文心雕龙》并称，是中国文学批评史上的两部巨著。

3 《宋元戏曲考》

王国维（1877—1927），中国戏剧出版社1983年版《王国维戏曲论文集》。

又名《宋元戏曲史》，中国第一部戏曲史专著。作者王国维，字静安，一字伯隅，号观堂，浙江海宁人。近代最有成就的学者之一。毕生所著丰厚，有62种，大部分收入《观堂集林》和《海宁王静安先生遗书》中。《宋元戏曲考》共16章，卷首有自序，卷末附录《元戏曲家小传》。此书以宋元戏曲作为研究对象，系统地论述了中国戏剧的起源和形成、中国戏剧的艺术特色和文学成就等一系列戏曲史研究中根本性的问题。最后得出中国戏曲艺术形成于宋元的结论。本书在理论观念和研究方法上皆有创新，成为戏曲史科学研究的开山之作。

4 《人间词话》

王国维（1877—1927），人民文学出版社1962年版。

文学理论批评著作。本书是王国维借鉴西方文艺理论，对中国文学中的诗词进行研究而撰写的一部词论专著。所论核心与精髓乃是"境界说"，"词以境界为上。有境界则自成高格，自有名句"。并提出写境与造境、有我之境和无我之境、景诱和情词、隔与不隔等，涉及有关词的艺术特征和创作方法等问题。实质上，所论已越过词的范围，具有艺术特征和创作方法论的普遍意义。虽然受叔本华哲学美学思想的影响较大，但作者深厚的哲学功底、敏锐的美学眼光，以及对词的独特理解，使本书成为最后一部也是影响最大的词学著作。

5 《沧浪诗话》

（南宋）严羽（生卒年不详），人民文学出版社 1962 年郭绍虞《沧浪诗话校释》。

中国古代诗歌理论和诗歌美学著作。作者严羽，自号沧浪逋客，邵武（今属福建）人。著有《沧浪集》《沧浪诗话》。

《沧浪诗话》1卷，分诗辨、诗体、诗法、诗评和诗证5类。书中以禅喻诗，"禅道唯在妙语，诗道亦在妙语"，强调诗歌创作重在"妙语"，反对宋人"以才学为诗，以议论为诗"，主张以"汉魏晋盛唐为师"，追求"羚羊挂角，无迹可求"的艺术境界。创建了以禅悟说为核心的诗歌理论体系。

本书是宋代诗话中最负盛名的一种。后世明代的前、后七子，清代的神韵、格调、性灵诸派都受其启发。

6 《爱弥儿》

（法国）卢梭（1712—1778），商务印书馆1983年汉译本，李平沤译，全2册。

"我们生来是软弱的，所以我们需要力量；我们生来是一无所有的，所以我们需要帮助；我们生来没有辨别能力，所以需要判别的能力。我们生时不具有的东西，我们长大之后所需要的东西，全都要由教育赐予我们。"《爱弥儿》中的这段话说明了教育的重要性。

卢梭是法国杰出的思想家、教育家、文学家。《爱弥儿》这部长篇教育哲理小说是他最主要的教育著作，被法国著名作家罗曼·罗兰认为是"最勇敢和最有成效"的两部著作之一（另一部是《社会契约论》）。"一切现代的教育学说都受到他的《爱弥儿》和他的关于儿童的知识的启示。"该书1762年出版，当年就被烧毁。

这部经典教育杰作通过主人公爱弥儿从出生到成人的教育过程，系统地阐述了卢梭的教育理论。

全书由5卷构成：

第1卷：婴儿期——体育教育；

第2卷：幼年期——感官教育；

第3卷：少年期——智育教育；

第4卷：青年期——德育教育；

第5卷：爱弥儿妻子苏菲的教育，即女性教育和爱情教育。

"出自造物主之手的东西，都是好的，而一到了人的手里，就全变坏了。"这是开篇第一句话，它向时代的文明提出了果敢的挑战，从自然哲学观点出发，卢梭在这本书中提出了顺应自然、归于自然的教育观点。"多给孩子以真正的自由，少让他们养成驾驭他人的思想，凡事尽可能让孩子自己去做，少要别人替他们做事"。

7 《美学》

（德国）黑格尔（1770—1831），汉译本由朱光潜据柏林沃夫堡—凡尔拉格出版社1955年巴格森重编本译出，商务印书馆1979年出版。

《美学》原是黑格尔19世纪20至30年代在海德堡大学和柏林大学授课的讲义，1835年由学生霍托根据他的提纲手稿及听课者的笔记整理出版，全书3卷。第1卷，艺术美的理念或理想，包括总论美的概念、自然美、艺术美或理想3章。第2卷，理想发展为各种特殊类型的艺术美，包括象征型艺术、古典型艺术、浪漫型

艺术3章。第3卷，各门艺术的体系，分建筑、雕刻、浪漫型艺术（绘画、音乐、诗）3部分。卷首有"全书序论"，包括美学的范围和地位、美和艺术的科学研究方式、艺术美的概念和题材的划分等4部分。黑格尔在这部巨著中，以美的定义"美是理念的感性显现"为中心概念，创建了包括基本原理、艺术史和艺术分类在内的严密的美学理论体系，把德国古典美学发展到最高峰。其中在论述各门类艺术的特征和历史发展中，黑格尔把诗（文学）视为最高的浪漫型艺术，用全书近1/4的篇幅作重点分析，是全书最精彩的部分。

8《亨利·亚当斯的教育》
（美国）亨利·亚当斯（1838—1918），中国青年出版社2014年，刘琳红、游海霞、王莹译。

此书被视为美国历史上里程碑式的32本书之一。作者亨利·亚当斯是美国第六位总统的孙子，第二位总统的重孙，一个全心全意的历史学家。在《哈佛大学113位教授推荐最有影响的书》中，美国哈佛大学肯尼迪政治学院公共政策教授，研究美国总统第一流学者理查德·诺伊施塔称该书"以意味深长而富有个性的笔调描述了与工业和科学革命一起高速前进的时代对19世纪和20世纪初美国的价值观念、态度、机构及社会精英的影响，以及对就业条件的影响"。该书也是美国费迪曼教授在《一生的读书计划》中列出的一生必读书之一。

9《教化：古希腊文化的理想》
（德国）韦尔纳·耶格尔（1888—1961），华东师范大学出版社2021年，陈文庆译。

哈佛大学教育研究生院教育学高级讲师弗朗西斯·凯佩尔着力推荐此书。他认为第二次世界大战后，当他开始终生投身于教育事业时，耶格尔关于社会本身是教育青年的主要力量的结论对他思想的形成产生了影响。

10《意大利文艺复兴时期的文化》
（瑞士）布克哈特（1818—1897），商务印书馆1979年汉译本，何新译。

《意大利文艺复兴时期的文化》是西方史学中关于这一重大的文化革命运动最重要的著作。布克哈特在此书中驳斥了史学界把文艺复兴视为复古的皮相之论，鲜明地指出文艺复兴是古代文化与意大利人的创造天才相结合的产物。他认为意大利文艺复兴运动的更为重要的成就是对"人性"的"发现"。在布克哈特看来，个人主义是人文主义世界观的基础，而且文艺复兴的各方面都是个人主义的表现。粉碎了中世纪的精神枷锁后，意大利人那种带有反封建色彩的个人主义——追求人格的全面发展和个性的自由表现得到了充分的发展，涌现了大批多才多艺的人才。他们借助古代文明的内容和形式，来表达近现代精神的人文主义思想。在本书的最后一部分，即《道德与宗教》一篇中，作者也谈到了意大利文艺复兴的阴暗面，他认为个人主义的极端发展导致了意大利人道德的败坏。

七　古籍经典（41）

1 《史记》

（西汉）司马迁（公元前145—前87），中华书局1959年点校本。

《史记》是中国第一部纪传体通史，记载着上自黄帝，下到汉武帝时期近3000年的历史事迹。全书分12本纪，10表，8书，30世家，70列传，共130篇。本纪记载历代帝王世系与国家大事；表记载帝王、诸侯、贵族、将相大臣的世系、爵位与简要的政治事迹，分为世表、年表、月表三种；书分别记述天文、历法、礼乐、封禅、水利、经济等制度和情况；世家主要记述西周、春秋、战国时期诸侯的世系及历史，汉代丞相、功臣、宗室、外戚、孔子和陈涉的事迹；列传是全书的主要部分，记述社会各阶层、各方面的重要人物及各少数民族和邻国的历史。全书各篇中有"太史公曰"，这是作者对历史事件和历史人物的评论。书最后一篇《太史公自序》叙述司马迁的家世和事迹，说明撰书经过、意旨及作者的史学见解。

《史记》不仅是一部著名的史学著作，同时也是一部优秀的文学著作。

司马迁运用时代语言刻划历史人物性格、特点，生动而简洁，并且叙述中寓论断于叙事，"叙而不作"。鲁迅称之为"史家之绝唱，无韵之《离骚》"，这是对《史记》在史学和文学史上卓越成就的精辟评价。

《史记》的作者是西汉著名史学家司马迁。他自幼聪颖好学，青年时代曾漫游神州，搜集不少各地遗文轶事，为写《史记》打下了良好基础，他为太史令时，决心继承父志，着手完成一部史书。然而就在《史记》草创未就之时，因替投降匈奴的李陵辩解而获罪入狱，并受腐刑。他忍辱写作，抒之愤懑，发其蕴蓄，终于用了16年时间写就这部昭著千古的史著。

《史记》以其"究天人之际，通古今之变，成一家之言"的独特风格，问世之后备受瞩目。它的诞生为中国史学，甚至可以说为世界史学树立了一座不朽的丰碑。

2 《左传》

（战国）左丘明（约公元前502—前422年），中华书局2016年，郭丹译注。

《左传》，原名《左氏春秋》或者《春秋左氏传》。相传为与孔子同时代的鲁国太史左丘明所著。《左传》记事起自鲁隐公元年（公元前722年），终于鲁哀公二十七年（公元前468年），是我国最详备的早期编年史。《左传》详于记事，对春秋各国的政治、军事、外交等都有很好的记载，其内容远比《春秋》丰富。

《左传》具有巨大的创造性和极大的影响力。它的出现标志着我国编年体史书已达到比较完备的程度，史学家刘知几、章学诚都把它看作是编年体史书的鼻祖，给予了很高的评价。并且它为断代性质的如《汉书》《后汉书》《起居注》《实录》以及纪传体中帝纪的写作提供了史体和方法。其次，它为历史著作的撰写指明了方向，提供了借鉴，是我国历史文学的开山，成为后人学习和模仿的典范。另外，对《春秋》曲笔的纠正，也开了秉笔直书、勇敢揭露丑恶现象的先河。

《左传》不仅具有相当高的史学价值，而且还为中国人道德精神的确立提供了重要的历史依据。《左传》反映出以道德为核心的人生观早在先秦时期就已经确立。立功、立德、立言，这三不朽共同构成了中国人道德精神体系，成为中国传统文化道德精神的重要方面。

3 《资治通鉴》

（北宋）司马光（1019—1086），中华书局1956年点校本。

司马光，字君实，是北宋时著名史学家。他认为，历代史书繁杂，人们不能遍览，所以他要用编年体编写一部简要的通史，以成一家之书，方便人们习读。这是司马光编撰《资治通鉴》的主要原因。此外，司马光作为政治家，也希望通过史书"鉴前世之兴衰，考当今之得失，嘉善矜恶，取是舍非，足以懋稽古之盛德，跻无前之至治"。其为君主治国提供借鉴的目的十分显然。

《资治通鉴》共294卷，全书记载了上自周威烈王二十三年（公元前403年），下讫后周显德六年（公元959年）的1362年的历史，是中国古代一部著名的编年体通史。此书取材十分广泛，除了依据正史、实录之外，杂史、小说、文集等亦无不采获。内容以政治、军事为主，同时也记载社会、经济、文化、制度等，包罗了社会历史的各个方面，非常丰富。

《资治通鉴》对后世产生了很大影响。这主要表现在以下三方面：第一，《资治通鉴》的问世促使了宋清期间编年体史书的迅猛发展；第二，《资治通鉴》的完成，使编年体史书更加成熟，其编撰方法愈臻完善，为后世编年体史家树立了楷模；第三，近代以来，人们对《资治通鉴》及相关书进行综合研究，形成了一门"通鉴学"，足见其影响之深远。

4 《汉书》

（西汉）班固（公元32—92），中华书局1962年点校本。

《汉书》120卷，东汉班固修撰，起自汉高祖元年（公元前206年），终于王莽地皇四年（公元23年），共记12世，230年西汉史实，为我国第一部纪传体断代史，对记录汉朝历史、塑造中华文明，起了重要作用。

班固，字孟坚，东汉扶风安陵（今陕西咸阳东）人，出生于世代名臣兼儒宗之家。家学渊源深厚。班固自幼聪颖，博览群书，九流百家之言莫不穷究。及父卒，决心依据《史记》和其父的《后传》体例，及时人所编汉代史书来独自编撰一部记述整个西汉史事的完备著作，以完成其父未竟之业。经过20多年的辛勤劳动，终于完成了百卷本《汉书》这一史学名著，为中国史学发展作出了重要贡献。《汉书》包括12本纪、8表、10志、70列传，共为百卷，80万字。现在通行的《汉书》有120卷。

《汉书》在中国学术史上产生了重要影响，具有极大的研究价值。它包举一代，首开断代史体例，为以后历代正史所仿效。各朝正史又构成一部完整的，包罗百家的，庞大的中国通史。由此可见《汉书》的影响和巨大贡献。

《汉书》不仅是一部全面记载汉王朝历史的史书，而且也是一部文学名著。在中国文学史上占有重要地位。其书语言精练，重点突出，层次分明，结构严谨，塑造了一大批栩栩如生的历史人物，对传记文学有示范性。

5 《春秋》

（春秋）孔子（公元前551—前479），《十三经注疏》本。

孟子说："王者之迹熄而诗亡，诗亡然后春秋作。"这句话反映了我国早期历史文献在春秋时代发生了相当大的变化。春秋时期，周王室衰落，也就没有许多新的功德可以歌唱，因而导致"诗亡"。但同时，"礼乐征伐自诸侯出"，各诸侯有了自己的纪年和史官，并从事历史记载，如鲁国《春秋》等编年记事形式的史书出现。

春秋时期的各国史书直接流传下来的较少，孔子编撰的《春秋》一书，至今尚存。此书以鲁国的旧史为底本，吸收了春秋时各国史书的材料，经孔子笔削，成为我国历史上第一部私人修撰的史书。孔子修《春秋》，采用编年体，记述自公元前722年至前481年，共242年的历史，简要反映了春秋时期的政治军事等活动，以及一些自然现象，同时也体现了孔子对历史的看法。

《春秋》的出现，对后世政治、思想、学术都有着极其深远的影响。《春秋》一书，在后学看来，已不是一部史学著作（古代各书目均将《春秋》作为经书著录），它的意义被推演到政治、法律和道德伦理的范围。司马迁认为《春秋》明辨人事经纪，判别嫌疑、是非、善恶，以宣扬王道，是一部政治、百官之大法，人伦、礼义之大宗，有国者，为人君者，为人父者，为人臣子者，都不可不知《春秋》。

《春秋》成书后，孔子后学根据各自的理解，对《春秋》作有不同的解释，现在保存下来的公羊、谷梁二传是最早解《春秋》的专书。二传对《春秋》的注解注重词句的诠释，并阐发所谓的"微言大义"和"春秋笔法"。

6 《后汉书》

（南朝宋）范晔（公元398—445），中华书局1959年点校本。

《后汉书》为纪传体东汉史，记载了上起公元25年，下迄公元220年，整个东汉一代共196年的史事，包括本纪10卷、列传80卷，由南朝宋范晔撰；志30卷由晋司马彪撰，共计120卷。《后汉书》是继《汉书》之后的第二部纪传体断代史。

范晔，字蔚宗，顺阳（今河南淅川）人。他出生于官僚世家，善写文章，工于隶书，又通音律，在很多方面都有造诣，但是他成就最大的却是史学。范晔撰写的纪传史料赅详，取舍得当；编写体例有所创新，范晔在过去已有的类传配合的基础上，依据东汉社会的实际情况，创设了《党锢》《宦者》等7种列传，深刻地反映出东汉纷繁的社会历史现象，为后人提供丰富的历史资料；对历史人物的评价大体能够做到公正客观；而且范晔善于汲取众家之长，取司马迁、班固二家的长处，而又有所发展；擅长文辞表述，笔势纵放而娓娓动人。

《后汉书》在中国古代史学和文学上均具有重要的地位及影响。它作为"正史"流传，跟《史记》《汉书》《三国志》合称为"四史"，同时也是兼具一代重要文章总集性质的史学名著。

7 《三国志》

（西晋）陈寿（公元233—297），中华书局1959年点校本。

《三国志》是一部记载三国历史的著名史书，共65卷，包括《魏书》30卷、《蜀书》15卷、《吴书》20卷，后人又称为《魏志》

《蜀志》《吴志》。书的体裁，上承《史记》《汉书》《东观汉记》，采用纪传体。书中没有志和表，只有本纪和列传。陈寿记载史事，一般能据实直书，对历史人物的评价也还比较客观公正。行文专于叙事，文笔简洁，剪裁得当，所以尽管学者的评价有毁有誉，但基本上还是肯定的。晋代著名学者张华曾将陈寿比之于司马迁、班固。刘勰也把《三国志》与《史记》《汉书》相提并论。

陈寿，字承祚，巴西郡安汉县（今四川南充）人，一生著作很多，主要为历史著作，共有200余篇（卷）。陈寿撰写的《三国志》显示出他的史德、史才和史识，这部历史巨著记录了确切的三国史实，后人把它列为"正史"，是"二十四史"中的第4种。

如今，三国文化已成为许多学者、管理部门及企业人士所注意的研究课题，在世界上某些地区已形成"三国热"。《三国志》包蕴宏富，人们可以从不同的角度、不同的侧面得到启发和滋养，是三国文化的源头。

8 《公羊传》

《公羊传》一名《公羊春秋》，一名《春秋公羊传》，儒家经典"十三经"之一。论经起于鲁隐公元年（公元前722年），终于鲁哀公十四年（公元前481年）。相传是战国时人公羊寓所口述，至汉景帝时，由公羊寿和他的学生胡毋子写定成书。由于使用了通行的汉隶，故称"今文"。现存的本子，有《春秋公羊传注疏》28卷（《汉书·艺文志》为11卷）。

《公羊传》兼传《春秋》之"微言""大义"，如此特性，造就了它在中国政治史、学术思想史上的地位。公羊学派对中国政治的影响尤为明显。西汉董仲舒曾作《春秋繁露》，专治《公羊传》，发挥大一统、张三世，以阐述春秋大义，又提出独尊儒术，为汉武帝所采纳，公羊学遂为汉代之显学。历代今文经学家以公羊学说为依据来议论政治、褒贬人物。近代康有为对春秋战国公羊学作重新解释，为他的托古改制、变法维新提供理论的和历史的依据。《公羊传》体现出的大一统思想与中国历史大一统的实践，推动了中国封建社会的发展，塑造了中国封建社会文明。

9 《谷梁传》

《谷梁传》，全称《谷梁春秋》《春秋谷梁传》。相传是与公羊高同时代的谷梁氏为《春秋》作的解释，是《春秋》"三传"之一的儒家经典。其释经，始于鲁隐公元年（公元前722年），止于鲁哀公十四年（公元前481年）。

谷梁不以补充史事为目的，而以解词释句、阐发大义为主旨。谷梁、公羊的史注具有开创之功，其影响深远。史注启迪了人们的思维，贡献了治学的许多经验，扩大了学术研究的范围，为中华民族精神文明的建设作出了应有的贡献。另外，公羊、谷梁又是"训诂之传"，它们在训诂方面的影响及其作用因地位的提高也越来越大。

《谷梁传》与《公羊传》相同，讲的是微言大义，其中的思想对中国古代的政治、学术均产生过较大影响，但两书相较，谷梁言义不及公羊之大。

10 《隋书》

(唐)魏徵(公元580—643)等，中华书局1973年点校本。

《隋书》85卷，记载了隋文帝开皇元年（公元581年）至隋恭帝义宁二年（公元618年）38年的历史。隋立国虽短，但它结束了东汉之后将近400多年大混乱、大分裂的局面，重新建立起统一的帝国，而且在政治、经济、军事、文化的各种制度上，都曾给继起的唐帝国以有力的影响。《隋书》比较客观公正地反映了这一特殊时代的历史。

唐贞观三年（公元629年），中国历史上正式设馆修史，《隋书》正是以史馆名义集体制作的。简明精练，名臣编纂，成为《隋书》的重要特色之一。魏征、孔颖达、许敬宗、令狐德棻、长孙无忌等都参与其事。由于皆诏唐初名臣，且书成进御，故文笔严净。

《隋书》编修者以创业容易守成难和"以隋为鉴"作为指导思想，依据事实，修撰此书，旨在提醒本朝及后世的统治者，不要重蹈炀帝的旧辙。唐太宗的"贞观之治"就是这种思想的结果。

11 《战国策》

（秦汉时代）作者不详，上海古籍出版社校点本。

《战国策》作者不详，西汉刘向加以整理、校订，按国别分为东周、西周、秦、楚、齐等12国策，合为33篇。

《战国策》是一部记载战国史事和策士议论、权谋的历史著作，同时也是一部优秀的散文总集。纵横家善于分析形势、陈述利害，喜欢夸张渲染，充分发挥，富于煽动性，往往能达到"一怒而诸侯惧，安居而天下熄"的效果。

从文学角度看，《战国策》叙事长于铺陈，绘声绘色，引人入胜。如《燕策》中的荆轲"风萧萧兮易水寒，壮士一去兮不复还"的悲壮故事，千百年来多少人为之扼腕叹息。《战国策》还善于运用寓言故事来阐发道理，如狐假虎威、鹬蚌相争、画蛇添足等都出自于此。

12 《国语》

（春秋）左丘明，上海古籍出版社1978年据《四部备要》本排印的校点本。

从世界范围来讲，记录公元前476年以前人类历史的上古史书，在西方只有希罗多德的《希波战争史》，在中国则有《尚书》《春秋》《左传》和《国语》等。这几部史著标志着我国上古史学研究的辉煌成就，而其中《国语》的独特价值是颇值一论的。

司马迁认为《国语》的作者是左丘明，但是也有学者不同意这一看法。

《国语》以记言的形式，记录了从西周末年至春秋战国之际400年间的历史，共21篇。

在编纂体例上，《国语》打破了《春秋》和《左传》那种按年纪事、各国历史相互穿插的方法，开创了国别体这种新的史书体裁。它按国家分类，分周、鲁、齐、晋、郑、楚、吴、越的类别记叙，这对于读者了解一国历史的纵向发展极为便利。

《召公谏厉王止谤》《叔向谏杀竖襄》《勾践栖于会稽》等都是《国语》中的名篇。后人评论此书，认为其"妙理玮辞，骤读之而心惊，潜玩之而味永"。

13 《文史通义》

（清）章学诚（1738—1801），中华书局1985年校注本，叶瑛校注。

《文史通义》是由120多篇文章组成的论文集。章学诚有关学术尤其是史学的重要观点基本上都包罗在其中。这本书在中国学术上有着巨大的价值和成就。它主张史学必须经世致用，反对空谈义理和烦琐考据，又详细阐发了"六经皆史"的思想。在刘知几史学"三长"（才、学、识）论基础上，更强调"史德"。突出了方志的史学性质，创立了系统的修志理论和义例。对学术源流、文字流变、文章得失等亦有独到见解。

《文史通义》以其独树一帜的思想和反潮流的精神令当时的学术界震惊。它一方面不断受到保守学者的攻击和围剿，另一方面又不断被他人剽窃，"或阴用其言，阳更其貌"，或"明翻其说，暗剿其义"，这都说明了《文史通义》璀璨夺目的光彩是遮也遮不住的。

14 《读通鉴论》

（清）王夫之（1619—1692），《四部备要》本。

《读通鉴论》是王夫之晚年写的历史哲学著作，写成于他去世的前一年。书中，王夫之以北宋司马光主编的《资治通鉴》所载史实为"文本"，根据自己对明清之际历史运动的体验、感受与反思，对上自秦始皇、下迄五代、旁及宋元明的诸历史问题作了评论与诠释，从中阐发了自己的历史哲学。近代名人曾国藩、谭嗣同、梁启超、章太炎等都对王夫之的历史哲学极为推崇。晚年毛泽东外出随身携带的书籍中，也有王夫之关于哲学和历史方面的著作。中央文献出版社出版的《毛泽东读文史古籍批语集》一书中，就载有毛泽东读《读通鉴论》的批语。

15 《明史纪事本末》

（清）谷应泰（1602—1690），收入《四库全书》。

纪事本末体明史，共80卷，每卷一事，自"太祖起兵"至"甲申殉难"止，记述了从1352～1644年将近300年的历史。

《明史纪事本末》除《亲征漠北》《俺答封贡》两卷外，每卷后均有一论，写法仿《晋书》"论""赞"，用骈偶文体。

这本书写成于1658年，早于《明史》80年，文笔简明，综合了多种史料，特别是野史。同《明史》有很大不同，受到史学界很高的评价。梁启超《最低限度之必读书目》、胡适《实在的最低限度的国学书目》以及屈万里《初学必读古籍简目》都一致开列了这本书，《明史纪事本末》实在是国人学习中国传统文化的基本必读书。

16 《贞观政要》

（唐）吴兢（公元670—749），上海古籍出版社1978年校点本。

大唐盛世是中华民族为之骄傲的一段历史，而唐代的鼎盛时期，又要数唐太宗李世民在位的贞观年间。吴兢是武则天时的史官。在他看来，唐代自贞观以后政治状况大不如前，为了总结贞观之治的成功经验，为当时的统治者提供鉴戒，他着手编撰《贞观政要》。

全书10卷40篇，分类编撰贞观年间（公元629～649年）唐太宗与魏徵、房玄龄、杜如晦等大臣的问答，大臣的诤议和奏疏，以及政治上的措施等。这是一部颇具特色的专题性政治史，它对贞观时期太宗君臣治理国家的经验教训进行了全面总结，其中也充分反映了吴兢自己的政治理想和历史观点。这本书对后世政治家产生了很大的影响。清高宗亲自为之作序，并说要把它写在衣带上，朝夕观览，时刻存心，不可或忘。大约9世纪，《贞观政要》传入朝鲜、日本，也引起了当权执政者的重视。

即使在今天，本书中的许多论断，诸如：兼听则明，偏信则暗；知人者智，自知者明；居安思危，戒骄忌盈；以古为鉴，善始慎终等方面的内容，仍闪耀着哲理的光辉，给读者以人生的启迪。

17 《庄子》

（战国）庄周（约公元前369—前286），中华书局1982年版，曹础基《庄子浅注》。

亦称《南华经》，道家经典之一，庄周及其后学所著。庄周，战国时宋国蒙（今河南商丘东北）人，隐者。《庄子》今本33篇，其中内篇7篇，一般认定为庄子所著，外篇15和杂篇11，一般认为可能掺杂其门人和后学的作品。

庄子思想的核心是"道"，《庄子》继承了《老子》的道论，将世界一分为二，一是经验世界的"物"，另一是超经验世界的"道"。"物"是各种具体事物，"道"是无形无象，不可感觉而又有情有信，可传可得的存在，是产生天地、鬼神与上帝的本根。人们如果立足于物看问题，就会发现事物之间各有差异，整个世界充满矛盾、痛苦，如果立足于"道"看问题，就会从大本大全的高度把握世界，从而从现实的困顿和痛苦中解脱出来，获得自由的生活方式。

由老子开启的道家，经庄周及其后学的发展，成为中国传统文化中流远脉长的一大思潮，与儒家的入世的人文精神不同，庄周思想是一种超越出世的人文精神，这两种人文精神互相补充，共同塑造了中国古代文化和中国知识分子的性格。

《庄子》为文，汪洋恣肆，仪态万方，用文学的语言、寓言的形式、朦胧的诗意表达深刻的哲学思想，有极高的文学价值。

18 《老子》

（春秋）老子（约公元前580—约前500)，马叙伦《老子校诂》，高亨《老子正诂》，朱谦之《老子校释》。

又称《道德经》，道家学派的经典之一，相传为春秋末期老子所著。老子，据《史记》记载，楚国苦县（今河南鹿邑东）厉乡曲仁里人，姓李名耳，字聃，为周朝守藏室之史（管理藏书的官）。相传孔子曾向他请教过周礼，晚年隐居著述，成《老子》5000言，开创道家学派。

《老子》今本共81章，分上下两篇。据现代学者考证，《老子》可能是道家后学根据老子的思想言论记述、整理、加工而成，约在战国初年成书。《老子》哲学思想的最显著的特点，是第一次把"道"作为哲学最高范畴并予以系统地论证。认为"道"是世界万物的总根源，整个宇宙都是从"道"这个最高实体中演化而来。在认识论上提出"有无相生"的辩证思想，认识到对立面之间的相互转化。政治上主张"无为而治"，倒退到"小国寡民"，老死不相往来的理想社会，形成了保守、复古的乌托邦理论。

《老子》对中国文化的发展影响深远，它作为道家学说的开山之作，为道家奠定了理论框架。道家思想与儒释二家，成为中国人思想的主干。

19 《论语》

（春秋）孔子（公元前551—前479)，中华书局1980年版，杨伯峻《论语译注》。

《论语》是儒家经典著作之一，是一部语录体散文，全书共20篇，约成书于战国初年，由孔子弟子或再传弟子编辑而成。

《论语》一书集中体现了孔子的政治主张、伦理道德观点和教育思想。

孔子强调礼制，即规范各社会等级的行为准则，建立理想的社会秩序。孔子把"君子"作为完美人格的典范，君子恪守道义，注重道德修养和自我完善，积极进取。君子式的道德规范、思想精神构成了中华民族伦理型文化的原型。孔子主张因材施教，有教无类，倡导了一套行之有效的教学方法，留下了许多有关学习的格言，成为万世师表。

《论语》一书，由于孔子在中国文化、思想界的崇高地位，一问世后就受到人们的普遍重视。汉代以来，它是读书人的必读书，特别是经过宋代朱熹的注解，列入《四书》以后，便一直成为科举考试最重要的教科书，宋元明清的读书人无不受其影响。古人心目中，《论语》是修身治国的宝训。

20 《韩非子》

（战国）韩非（约公元前280—前233），中华书局1962年版，陈奇猷《韩非子集释补》。

本称《韩子》，为与韩愈相区分而改。战国末期法家代表人物韩非撰。55篇，其中绝大部分出自韩非手笔，少数篇章为后人掺入。

《韩非子》一书，集先秦法家思想之大成，重点宣扬韩非势、法、术相结合的法治理论。势，指君王高高在上，君临一切的权势，这是国君统属群臣、号令百姓的力量所在，是君王之所以为君王的凭借。法，表现为各种法律条文，其中心任务是要为公正、合理地施行赏罚确定一套严格的标准。术，指君主驾御群臣的谋略和方法。《韩非子》为中国君主专制制度奠定了基本模式，也为千古帝王的统治提供了行为准则。韩非的文章气势雄浑，还记载了大量的寓言故事说理，最著名的有守株待兔、老马识途等，具有较高的文学价值。《韩非子》一书，可以称为中国的《君主论》。

21 《孟子》

（战国）孟轲（约公元前385—前304），中华书局1960年版，杨伯峻《孟子译注》。

儒家经典著作之一，由孟子的学生万章、公孙丑记述孟子言行和孟子与当时人或弟子相互问答之辞整理成书，7篇。孟轲，战国时思想家、政治家，邹（今山东邹县东南）人，受业于子思门人，一生致力于发展孔子的学术思想与政治主张，在封建时代

被统治者封为"亚圣"。

《孟子》思想的基石，是孟轲对人的本性问题进行思考而提出的性善论。孟轲主张人性本善，仁、义、礼、智等道德观念为人所固有；将性善论推广到政治实践中，告诫君主以仁爱之心对待民众，实行仁政，就能保民而王。孟子的"富贵不能淫，贫贱不能移，威武不能屈"的大丈夫精神，对塑造中国知识分子的独立人格起了十分重要的作用。"民贵君轻"的思想，在明清之际启蒙思想家和近代启蒙思想家那里得到回响。孟子的文章，气势雄伟宏大，感情真挚强烈，是先秦散文的代表作，为后人推重。

在汉代，《孟子》一书已有一定影响。宋代，朱熹将《孟子》列入"四书"，升入经部，进一步提高《孟子》的地位。元明清三代，"四书"成为科举考试的教科书，《孟子》也就成为中国知识分子的必读书了。

22 《周易》

（西周）相传系周人所传，中华书局1981年版，李镜池《周易通义》。

亦称《易经》，又简称《易》。儒家经典之一。该书是中国古代一部占筮书，作者大概是西周末年一位占筮官。包括《易经》和《易传》两部分。《经》主要是六十四卦的384爻，卦、爻各有说明，这就是卦辞和爻辞。作为占卜之用。《传》是儒家学者对《易经》所作的各种解释，10篇，也称《十翼》，相传孔子所作。

《周易》的内容广泛地体现了当时生产、生活的情况，如祭祀、战争、生产、婚姻等，是研究这一时期历史的重要文献。《周易》是先秦以后中国哲学发展的源头之一，《易传》中阐释了阴阳互补的方法、朴素的辩证法思想和自强不息的积极进取精神。此外，《周易》具有很高的科学价值，对中国古代天文学、数学、医学的发展产生了深刻影响，对近代西方创立微积分和二进位制数学也有启发。《周易》这本古老的奇书在今天以其玄妙和神秘，仍然散发着迷人的魅力。

23 《礼记》

（西汉）戴圣（生卒年不详），《十三经注疏》本。

或称《小戴礼记》，西汉经学家戴圣编辑。戴圣的叔叔戴德也编了一部有关礼的书，称为《大戴礼记》，85篇。戴圣从中删

选49篇，称作《小戴礼记》，即今天流传的《礼记》。

该书是一部礼仪家关于古代礼节习俗、规定、界定和轶事的文集。内容十分庞杂，大体可分为：有专记某项礼节的，有专说明"仪礼"的，有杂记丧服丧事的，有记述各种礼制的，有侧重日常生活礼节和守则的，有记录孔子言论的，有结构比较完整的儒家论文，还有授时颁政的《月令》，意在为王子示范的《文王世家》。《礼记》经东汉郑玄注解之后，摆脱了从属于《仪礼》的地位而独立成书，并成为"礼经三书"之一，以后又列入"十三经"之内，为历代科举考试的必读书。

《礼记》在中国社会扮演了重要的角色，所以当代一位学者认为："几千年来，对中华民族意识形态影响最大的书是儒家的书。从所起作用的大小来估计，《礼记》仅次于《论语》，比肩于《孟子》，而远远超过《荀子》。"

24 《尚书》

（战国）作者不详，四川人民出版社1982年版，王世舜《尚书译注》。

原称《书》，作为儒家经典之后，又称为《书经》。由于这部书所记载是上古的史事，所以叫作《尚书》，"尚"通"上"。《尚书》的内容是商周两代统治者的言论记录，其中一部分是春秋时人根据远古材料加工编写的虞、夏历史。

《尚书》成书约在战国晚期，其后流传颇为曲折。经后人考证，流传下来的58篇本《尚书》中，汉代今文33篇，基本是先秦之作，较为可信。另外25篇为魏晋人的伪造。

《尚书》是中国最早的一部史书，记载了中国原始社会末期及夏、商和西周的历史，反映了这一时期的政治制度、重要事件及天文地理等情况，是研究中国远古史极为珍贵的史料。书中所体现的原始民主、天人感应、明德任民、大一统、五行等思想观念，对后世有极为深远的影响。

25 《论衡》

（东汉）王充（公元27—约97），北京古籍出版社1957年版，刘盼遂《论衡集释》。

东汉王充著，85篇，20余万言，现存84篇，缺《招致》一篇，是一种被封建正统思想者视为异端的著作。

《论衡》的主要内容是考辨伪书俗文，疾斥虚妄之说。"论衡"的"衡"字，意思是指天平。"论衡"即意谓评定当时言论价值的天平。王充不仅批判汉儒的天人感应学说和谶纬迷信的虚伪，甚至把论辩的焦点指向儒家圣贤孔子、孟子；并对儒家经典提出多种疑问，这种离经叛道的精神，在独尊儒术的当时是相当有胆识的，也因此受到封建正统学者的排斥。王充批判地吸收了先秦各家各派的思想，特别是道家黄老学派的思想，对先秦诸子百家都进行了系统地评述，因此，后人称之为"博综众流百家之言"的百科全书式的著作。

近代以来，《论衡》备受关注。侯外庐等人在《中国思想通史》里给予王充高度的评价："王充的反谶纬反宗教的思想，毫无疑问是中世纪思想史上第一个伟大的'异端'体系，是两汉以来反对'正宗'思想的与反对中世纪的神权统治思想的伟大的代表。"

26 《四书集注》

（南宋）朱熹（1130—1200），中华书局《四书章句集注》标点本。

《四书章句集注》的简称。朱熹，祖籍徽州婺源（今属江西），出生地是福建尤溪。朱熹一生著述众多，涉及经学、史学和文学，其中最重要的是《四书集注》。"四书"指的是《论语》《孟子》《大学》《中庸》。朱熹继承了北宋二程等人的思想，将此四书合编加注，历时近40年完成《四书集注》，形成了与"五经"同等重要的"四书"概念，"四书五经"成为儒家经典的总称。

朱熹以理学注《四书》，以《四书》论理学，将《四书》编排成一个有机的整体。朱熹认为，人们必须先读《大学》、次读《论语》、再读《孟子》、最后读《中庸》，按照这个顺序读《四书》，才能步步深入，领会儒家义理，获孔门真传，从而突出了理学在儒家道统中的正宗地位。

朱熹通过对儒家经典的解释，阐发了自己的理学体系——朱子学，在中国乃至世界文化史上均产生了久远的影响。《四书集注》被封建统治者推崇，作为官方教科书和科举考试的标准，长达600年之久，扼制、毒害了一代代知识分子，受到后来许多进步思想家的猛烈批判。

27 《明夷待访录》

（明清之际）黄宗羲（1610—1695），中华书局1981年版，点校本。

黄宗羲撰。黄宗羲，浙江余姚人，明清之际著名思想家。全书21篇，书名"明夷"取自《周易》的明夷卦，比喻贤人遭贬，"待访"则是等待圣明之君前来造访之意。

《明夷待访录》是一部早期启蒙思潮的名著。作者对明清之际社会问题的思考超越了封建专制制度的框架，而且大胆揭露和批判封建专制制度的危害，要求从根本上否定封建专制制度。在这一基础上，黄宗羲提出一系列社会改革的设想，描述了中国早期启蒙思想家的理想王国。在政治上，主张学校议政，限制君权。经济上，主张计口授田，发展商品经济。在文化上，主张改革科举制度，发展科学技术。

《明夷待访录》对中国近代思想启蒙起到了重要作用。近代思想启蒙先驱魏源、维新派人士梁启超、谭嗣同、孙中山等均深受启迪。梁启超将之与卢梭的《民约论》相提并论，认为它"对于3000年专制政治思想为极大胆的反抗"，强调该书的意义在于"超过了王朝更替的中古君臣之义，去寻求新的制度"。《明夷待访录》，中国近代民主主义精神的第一块奠基石。

28 《传习录》

（明）王守仁（1472—1529），商务印书馆1927年版，叶绍钧点注本。

明代王守仁撰。王守仁，浙江余姚人，世称阳明先生。《传习录》是包含了王守仁的主要哲学思想的重要著作。全书3卷，上卷记录王守仁师徒授受语录，中卷收集《答顾东桥书》等论学书札，下卷于语录之后附有《朱子晚年定论》。王守仁主要继承发展了陆九渊的心学体系，重点阐述了"心即理"的本体论，认为"心之本体，即是天理"；"心外无物""心外无理"，进而认为世界万物都是"心"的产物。提出著名的"致良知"说。认为"良知即是天理"，对于"天理"的认识和把握，是"致知格物"，而"所谓'致知改物'者，致吾心之良知于事事物物也"。倡导"知行合一"说，认为"知之真切笃实处即是行，行之精察明觉处即是知"，主张"求理于吾心"等。

《传习录》集中反映王守仁的心性之学，对近代思想家龚自珍、谭嗣同等，以及当代新儒家都有深刻的影响，在中国古代思想史上具有重要的地位。

29 《孙子兵法》

（春秋）孙武（生卒年不详），上海古籍出版社1978年重排本。

又称《孙子》《吴孙子兵法》《孙武兵法》，春秋末期兵家孙武著。全书包括计、作战、谋攻、势、形、虚实、军争、九变、行军、地形、九地、火攻、用间等13篇。书中总结了春秋末期以前的作战经验，揭示了战争中许多基本规律。提出的一些作战方针，如"知己知彼，百战不殆""攻其不备，出其不意"等，成为2000多年来军事家指挥作战的守则。

《孙子兵法》是中外现存最早的军事理论著作，奠定了中国古典兵学体系的理论基础，被誉为"百代谈兵之祖""世界第一兵家名书""兵学圣典"。书中的某些思想，甚至为中外一些企业家和管理学者所采用。《孙子兵法》在国外也流传很广，现有日、俄、英、德、捷克、越南等多种外文译本。

30 《盐铁论》

（西汉）桓宽（生卒年不详），中华书局1984年马非百《盐铁论简注》。

西汉昭帝始元六年（公元前81年），中央政府为解决汉武帝时的盐铁、酒专卖以及均输、平准等一系列问题，召集全国贤良、文学60余人，与御史大夫桑弘羊等举行会议，双方展开激烈辩论，内容涉及政治、经济、军事、文化等多方面，最后废除全国酒专卖和关内盐、铁专卖。这是中国古代史上罕见的关于国家政策的公开辩论会。

作者桓宽从朋友朱子伯处获知这场"盐铁之辩"的详情，对会议原始记录加以整理，记录了盐铁会议上争议各方思想观点，用对话体的形式，撰成《盐铁论》一书。全书10卷，60篇。

1至41篇为盐铁会议上的辩论；42至59篇，写双方对"未尽事项"的余论；最后一篇是作者的后序。该书保存了桑弘羊的生平和学说，为研究西汉政治、经济、军事、文化、思想提供了重要的参考资料。

31 《说文解字》

（东汉）许慎（约公元58—约147），中华书局1963年缩印本。

中国第一部字典，也是中国最早的有系统的文字学著作。东汉经学家、文字学家许慎撰。全书包括目录共15篇，分540部，搜集小篆、古文、籀文9353字，其中重复1163字，注解133441字。创立"六书"学说，分析汉字结构、解释字义。六书为指事、象形、形声、会意、转注、假借6种造字方法。

创立部首检字法，使汉字排列有序，便于查寻。书中保存了大量古文字资料，对探讨古代文化，阅读古代典籍，研究汉字的古音、古义有很大帮助。《说文》作为一部权威的古文字字典，被后世列为"小学"之首，对1800多年来中国文字学的发展产生了深远的影响。

32 《颜氏家训》

（南北朝）颜之推（公元531—约590以后），上海古籍出版社1980年出版《颜氏家训集解》，王利器集解。

《颜氏家训》是中国古代一部广为流传的家庭教育专著。颜之推撰。全书7卷20篇，多述立身治家之法，辩证世俗，以期用儒学礼教训诫弟子。当时南北风俗异同，佛教之流行，玄风与俗文字的盛行，鲜卑语言的传播；以及士族的腐朽与俗儒的迂阔在书中也有反映。该书对研究南北朝时期的文化学术、思想风貌都有一定的参考价值，在典籍校勘、辨伪诸方面亦有建树。《颜氏家训》行文流畅，语短意长，"篇篇药石，言言龟鉴"，凡为人子弟者，可家置一册，奉为明训，被尊为"古今家训，以此为祖"。

33 《曾国藩家书》

（清）曾国藩（1811—1872），中国华侨出版社1994年版。

学者南怀瑾说："清代中兴名臣曾国藩有十三套学问，流传下来的只有一套——《曾国藩家书》。"本书收集整理了现存的曾国藩家书1458篇，接年代顺序从道光二十年至同治十年（1840~1871年）编排，将家书分为修身、教学、持家、交友、用人、处世、理财、治书、为政9类，反映了曾国藩一生的主要活动和他治政、治家、治学、治军的主要思想。家书或长或短，娓娓道来，情真意切。青年时代的毛泽东对曾国藩评价甚高："吾于近人，独服曾文正。"蒋介石更是把曾国藩奉为终生学习的楷模，卧室内即藏有《家书》。这也许是他们二人难得的共同点吧。

34 《孝经》

（战国）作者不详，《十三经注疏》本。

儒家经典之一，作者不详。目前较一致的看法是，《孝经》成书于公元前3世纪期间，作者为孔门后学。全书18章。主要宗旨是人应以孝为立身之本。如果天子以至庶人各行其孝，就可以达到治天下的目的。要达到治天下的目的，就要以孝道来"教化"人民。孝不仅是人伦之本，而且是"天经地义"的。该书问世后，很受历代统治者看重，许多帝王如唐玄宗等亲自为之作注作序。自汉至清，《孝经》几乎一直是国民教育的蒙学读物。《孝经》虽然简短，全书仅1799字，但在中国历史上的地位，尤其是对中国思想观念的影响，绝不亚于任何一部鸿篇巨制。

35 《尔雅》

（汉）佚名，《十三经注疏》本，郝懿行《尔雅义疏》。

中国第一部训诂学专著，又是中国第一部词典。"尔雅"即是"近乎雅正"的意思。作者及成书年代尚无定论，一般认为最早成书于战国时期，后经汉代经学家们陆续增益而成。

该书《汉书·艺文志》著录为3卷20篇，现流传的本子为释诂、释言、释天、释草、释虫等19篇。前3篇解释一般语词，后16篇训释各种名物。

内容涉及语言、伦理、建筑、物理、化学、天文、地理、植物、动物等众多学科。书中保存大量先秦词汇和方言资料，是研究汉语词汇史的重要资料。《尔雅》问世后，倍受学者重视，经学家常用此书解释儒家经义，至唐宋时被列为儒家十三经之一。据统计，古今研究《尔雅》的著作有160多种。并出现了众多的雅书，如《广雅》等。

36 《菜根谭》

（明）洪应明，巴蜀书社1989年出版，袁庭栋校注本。

又名《处世修养篇》。作者洪应明，号还初道人，籍贯不详，书约成于万历年间，由上下两卷和菜根谭续编组成，共536条。书名一说源于南宋江信民语，意思是连菜根这样的粗食都吃得下去，那么凡事必能有所成就。

该书主要内容是说禅劝世。作者搜集整理了大量的佛家警语、先哲格言、古籍名句、民间谚语，指出人应如何进行自我修养，培养品德意志，对待人生的逆境，处理人际关系，强调人之"为善"和培养内心品质的"培根"功夫。对于人如何处理好人与社会、人与人的关系有积极的作用。书中发人深省的哲理被日本企业界成功借用于企业的经营管理。

37 《风俗通义》

（东汉）应劭（生卒年不详），天津人民出版社1980年出版《风俗通义校释》，吴树平校释本。

中国古代第一部民俗学与风俗史著作。作者应劭，字仲远，东汉末汝南南顿（今河南项城）人，曾任泰山太守。平时博览古籍，留心时事。著有《风俗通义》32卷，《汉宫仪》10卷等书。《风俗通义》今存10卷，为皇霸、正失、愆礼、过誉、十反、声音、穷通、祀典、怪神、山泽，共148条。该书以考释议论名物、时俗为主，涉及古代历史人物、礼仪、风俗、政治、山川、地理、音律乐器、怪异和传闻等，内容十分广泛，保存了许多珍贵史料，为研究东汉社会状况提供了重要资料。

38 《经传释词》

（清）王引之（1766—1834），岳麓书社1984年，黄侃、杨树达手批排印本。

研究上古汉语虚词的名著。清王引之历时20年撰成。作者搜集了《九经》《三传》及周、秦、西汉古书中的虚词，共160组，264字，然后按这些虚词的声母发音部位编为10卷。书中运用因声求义的方法，发先人所未发；广参众说，正先儒所误解；揭示了训解虚词的方法。全书引证博赡，诂解精确严谨，历来为学者所重。清方东澍赞曰："实足令郑（玄）朱（熹）俯首，自汉唐以后，未有其比。"

39 《释名》

（汉）刘熙（生卒年不详），毕沅《释名疏证》本，《四库全书》本。

探索语源的训诂学著作。作者刘熙，字成国，北海（今山东昌乐）人，郑玄弟子，汉末避战乱到交州，得以完成传世之作《释名》。全书8卷27篇，主要采取当时盛行的声训方法，探究、阐释事物得名的由来。书中叙述了许多有关古代名物、典章制度和风俗习惯的知识，对研究中国文化史有一定的价值；保存了大量的声训材料，对于研究汉代以前的语音史也有重要的参考价值。《释名》所采用的声训方法对于后世语文学有很大的影响。

40《书目答问》

（清）张之洞（1837—1909），上海古籍出版社1983年出版，瞿凤起《书目答问补正》
校点本。

书目名著。清光绪元年（1875），时任四川学政的张之洞因
"诸生好学者来问应读何书，书以何本为善"，而撰此目以指示
读书门径。全书5卷，附录2卷，收书2200余种。在分类上突破传
统的四部法，于四部之外创立了"丛书部"，比较符合当时的实
际情况。收录的书注重校注精善之本和《四库全书》成书之后的
学术著作，标出作者、卷数，有时加以简明扼要的按语，以作指
引之用，加强了导读功用。该书目以指导读书治学门径为宗旨，
提倡研习经世致用之学，选书及分类均有独到之处，是目录学史
上的一部影响深远的举要性目录。梁启超、陈垣、顾颉刚等均曾
以此书目为"读书门径"。

41《中国近三百年学术史》

梁启超（1873—1929），岳麓书社2010年出版。

《中国近三百年学术史》是一部影响深远的学术史名著，它
将近三百年的学术变化、数以十计的学科概貌、上百种学术专
著、几百位儒士学者，纵横论列，条分缕析，深入浅出，实为梁
氏学术论著的代表之作。在中国学术思想史的研究上占有很高的
学术地位。本书内容脉络清晰，文笔雄浑流畅，为学术思想史类
著作中难得的佳作。出版后影响巨大，至今仍备受学者和广大读
者所推崇。

八 心理学、励志（6）

1 《梦的解析》

（奥地利）弗洛伊德（1856—1939），商务印书馆1996年出版，孙名之译，译名为《释梦》。

弗洛伊德在经历最初的争议之后，逐渐得到世人的褒扬。爱因斯坦把弗洛伊德称为"我们这一代"的"伟大的导师"，并推崇他的理论"给这个时代的世界观所带来的巨大影响"。

《释梦》一书即弗洛伊德精神分析学说的奠基之作。弗洛伊德通过对几百例梦的现象的研究，发现"梦是（压抑或抑制的）愿望的（隐蔽的）满足"。弗洛伊德认为人的精神生活可分为意识和潜意识两个部分。意识并不重要，它只代表整个人格的外表方面，而深藏在意识背后的潜意识，则包含着种种力量，乃是人类行为背后的驱动力。由于人的本能只受快乐原则支配，追求欲望的满足，但欲望往往受到现实的压抑，得不到满足，于是就升华变态，潜伏在潜意识中。而在梦中，人的理性放松，平时压抑的本能冲动可以获得充分的松弛。弗洛伊德对《梦的解析》非常重视，自称该书是他"所有发现中最有价值的部分"。

2 《精神分析引论》

（奥地利）弗洛伊德（1856—1939），商务印书馆1984年出版，高觉敷译。

《精神分析引论》为奥地利精神病学家、精神分析学派创始人弗洛伊德的又一代表作。全书由"过失心理学""梦"和"神经病通论"3编28讲组成。弗洛伊德在本书中提出了精神分析的两个基本命题：第一，心理过程主要是潜意识的，意识的心理过程是整个心灵的分离部分，而非传统的观点"心理的即意识的"；第二，性的冲动，无论是广义的，还是狭义的，都是神经病和精神病的起因。性的冲动对人类心灵最高文化的、艺术的和社会的成就作出了最大的贡献。

美国学者唐斯认为："精神分析学和现代精神病理学创始人西格蒙德·弗洛伊德的理论对20世纪思想产生了深远的影响。当代生活和文化几乎没有一个方面没受到弗洛伊德对大脑潜意识领域探讨的影响。"

3《致加西亚的信》

(美国) 阿尔伯特·哈伯德, 鹭江出版社, 李淑华编译。

《致加西亚的信》是100多年前的一个傍晚, 出版家阿尔伯特·哈伯德与家人喝茶时受儿子的启发, 创作了一篇名为《致加西亚的信》的文章, 刊登在《菲士利人》杂志上, 杂志很快就告罄。到1915年作者逝世为止, 《致加西亚的信》的印数高达40000000册。创造了一个作家的有生之年一本图书销售量的历史记录。其后的80余年, 该书被翻译成多国语言, 许多政府、军队和企业都将此书赠送给士兵和职员, 作为培养士兵、职员敬业守则的必读书。

书中写的是美西战争前夕, 美国总统麦金利急需一名合适的特使去执行一项重要的任务; 将信送给古巴的加西亚将军。美国陆军中一名叫罗文的中尉孤身出发了。他秘密登陆古巴岛, 穿越枪林弹雨和西班牙殖民者的严密封锁, 靠着勇气、智慧、执着和自信, 最后亲手把信交给了加西亚。

这本书当时一经出版便成为了当时最畅销的图书, 至今流传甚广。故事主人公罗文也成为了敬业、自信、负责、忠诚、勤奋的象征。

4《人性的弱点, 人性的优点》

(美国) 戴尔·卡耐基, 朝华出版社, 吕云龙译。

《人性的弱点》是当今世界最伟大的成功学家——卡耐基的思想精华和最激动人心的内容。他以对人性的深刻洞见, 利用大量普通人不断努力取得成功的故事, 激励人们取得辉煌的成功。不论你是什么职业、性别、年龄, 这部充满力量、充满智慧的书, 在生活中一定会给你启迪, 使你勇敢地克服自己的弱点, 成为人际交往的高手, 拥有美好、快乐、成功的人生。

《人性的优点》是卡耐基一生中最重要、最生动的人生经验的汇集, 也是一本记录成千上万人如何摆脱心理问题走向成功的实例汇集。本书一经出版, 便在合球畅销不衰, 改变了千百万人的生活和命运, 被誉为"克服忧虑、获得成功的必读书""世界励志圣经"。这本充满智慧和力量的书能让你了解自己, 相信自己, 充分开发蕴藏在身心里而尚未利用的财富, 发挥人性的优点, 去开拓成功幸福的新生活之路。

5 《世界上最伟大的推销员》

（美国）奥格·曼狄诺，世界知识出版社，安辽译。

这是一本在全世界范围内影响巨大的书，适合任何阶层的人阅读。它振奋人心，激励斗志，改变了许多人的命运……本书是一经问世，英文版销量当年突破100万，迅即被译成18种语言，每年销量有增无减。这本书记载了一则感人肺腑的传奇故事。一个名叫海菲的牧童，从他的主人那里幸运地得到十道神秘的羊皮卷，遵循卷中的原则，他执着创业，最终成为了一名伟大的推销员。建立起了一座浩大的商业王国……

6 《高效能人士的七个习惯》

（美国）史蒂芬·柯维，中国青年出版社，高新勇、王亦兵、葛雪蕾译。

本书以"七个习惯"主题框架，每一个章节增加了更丰富的内容含量，汇集了作者10多年来对世界变化的新思考。史蒂芬·柯维博士被《时代周刊》评为"美国25个最具影响力人物"之一，现代商管教育及管理畅销书都或多或少受到过其思想的影响，《经济学人》杂志推举其为"最具前瞻性的管理思想家"。

九 科技、经济（25）

1 《梦溪笔谈》

（北宋）沈括（1031—1095），中华书局1962年胡道静《梦溪笔谈》整理本。

笔记体著作，北宋科学家、政治家沈括撰。沈括晚年隐居梦溪园，总结自己一生经历和科学活动以及与人交谈中有价值的内容，撰成此书。全书正编26卷，分故事、辩证、乐律、象数等17类，内容涉及天文、历法、数学、物理、化学、生物、地理、地质、医学、乐学、历史、考古、音乐、艺术等各个领域，共609条。此外，书中包含了沈括的重要科研成果。他在天文历法上第一次提出了太阳历与农历的结合；明确指出月亮本身不发光，对日月蚀也作了正确的科学解释；提出了新的隙积术，用以求累层堆积的瓮、缸之类物体的总和，发明了会圆术等。还介绍了毕昇的活字印刷术等宋人发明，记录了宋代的炼钢等技术以及石油的应用，是北宋科技成果的总结。由于沈括在科学研究方面取得了巨大的成就，被英国科学史家李约瑟称为"中国整部科学史上最卓越的人物"，《梦溪笔谈》被誉为"中国科学史上的坐标"。

2 《天工开物》

（明）宋应星（1587—?），广东人民出版社1976年钟广言注释本。

农艺学和工艺学的综合性科技著作。书名取自"人间巧艺夺天工"之意。全书3编18卷。上编6卷，内容包括谷类和棉麻栽培、养蚕、缫丝、染料等；中编7卷，包括制造砖瓦、陶瓷、钢铁器具，建造舟车，采炼石灰、煤炭等；下编5卷，包括五金开采以及冶炼、兵器、火药、朱墨和珠玉采琢等。对原料的品种、用量、产地、工具构造和生产加工的操作过程等，记载都很详细，并附有插图123幅。全书对明代的生产知识、工艺技术作了全面的总结，英国李约瑟博士称之为"中国17世纪的工艺百科全书"。成为中国科技史的代表作，更已作为一部世界科技名著而在各国流传，被译为日、英、法、德、俄等多种文字。

3 《本草纲目》

（明）李时珍（1518—1593），上海科学技术出版社1993年影印本。

明代医药学家李时珍所撰的药物学名著。李时珍在长期医疗实践中，发现过去的一些药学著作"本草"存在不少的错误，立志重新编订。于是广泛进行实地考察、搜集民间验方，并参考历代医药及有关书籍800多种，历时近27年，三易其稿，于万历八年（1578年）撰成《本草纲目》一书。全书约190万字，52卷，正文内容可分三大部分。第1、2卷"疗例"，阐述药物学理论，包括药物的采集、炮制、性味、用法、禁忌等。第3至5卷是"百病主治药"，分列113种病症的主治药物。第6至55卷，详载1892种药物，分为16部60类。《本草纲目》资料非常丰富，采用了比较科学的药物分类方法，总结了中国16世纪以前的药物学理论，并对研究生物、化学、天文、地理、地质、采矿等方面均有参考价值。先后被译成日文、拉丁文、德文、法文、英文、俄文等多种文字，在全世界流传，被誉为"东方医学巨典"。

4 《黄帝内经》

（战国）作者不详，人民卫生出版社1982年版，河北医学院《黄帝内经素问校释》。
天津科学技术出版社 1989 年《黄帝内经灵枢校注语译》。

中国现存最古老的医学文献。原名《内经》。约成书于战国后期。全书36卷，分为《素问》和《灵枢》两部分，其中《素问》24卷81篇，详于基础理论，《灵枢》12卷81篇，又名《九卷》《针经》《灵枢经》，详于针灸经络。全书大都以黄帝与岐伯等七臣子答问的形式编纂。《内经》一书，在中国医学和哲学方面都有深远的影响。它系统阐述了中国医学的理论体系，规定和影响了后世医学的发展方向、理论特点和方法论特色，从而在中医文化的发展过程中起着极其重要的作用，被称为"医学之宗"，至今仍在有效地指导中医实践。它还是一部古代重要的哲学著作。《内经》在国际上也引起了广泛的注意，被译成多种文字。

5 《齐民要术》

（北魏）贾思勰（生卒年不详），中华书局1956年版。

中国现存最早、最完整的一部农书。作者贾思勰，山东益都人，曾任高阳太守，对农业生产十分关注。他花费了10余年时

间，于公元533～544年间，编撰成《齐民要术》。全书10卷，卷首有作者的《序》和《杂说》。正文92篇，其中卷1至卷2为农作物的耕种，叙谷物、纤维作物、油料作物；卷3为蔬菜；卷4为木本植物栽种法、果树；卷5为林木和染料作物；卷6为畜牧、渔业；卷7至卷9为酿造、食品加工保存、烹调方法、农家手工业；卷10仅一篇，介绍了一些非中国的物产。《齐民要术》系统全面地总结了公元6世纪以前中国在农业生产技术方面所积累的大量知识，是一部空前完善的百科全书式的农业科学专著。在世界农学史上占有重要地位，西方学者认为《齐民要术》在世界范围内也是卓越的、杰出的。

6 《农书》

（南宋）陈旉（1076—1156？），中华书局1956年排印本。

中国现存最早的专谈南方农业技术与经营的著作。作者陈旉晚年隐居于江苏仪征西山时，留心向老农请教，获得丰富的农业生产知识，为"有补于来世"，于74岁高龄时撰成《农书》。全书分上、中、下3卷，共21篇。

上卷14篇阐述了农业生产经营原理和生产技术，是全书的重点；中卷题为《牛说》，2篇，论述了养牛技术和牛病防治；下卷名《蚕桑》，5篇，主要介绍种桑和养蚕的技术。《农书》是现存农书中第一部对农业作系统讨论的著作，它具有相当完整而有系统的理论体系，并在土地的利用等多种农业技术问题上有创新。《农书》在当时起了很大作用，成为可以和《齐民要术》《王祯农书》等并列的中国第一流农书之一。

7 《营造法式》

（宋）李诫（？—1110），商务印书馆1954年印本。

《营造法式》是北宋官订的建筑设计、施工的科学专著。编修者李诫，字明仲，郑州管城（今河南新郑）人，曾任将作监。他在实践经验基础上，参阅古代文献和资料而撰成是书。全书34卷，357篇，3555条，分为总例释例、制度、功限、料例、图样5大部分。对壕寨、石作、木作、瓦作、雕作、彩画作等建筑结构、构建、工料以及施工工艺作了系统细致的规定。此外还有关于建筑方面一般名词的解释，以及对营建的某些规定和数据的说明。该书是中国古代文献中最完善的一部建筑技术专著，是研究宋代及中国古代建筑及其标准不可缺少的参考文献。

8 《万物简史》

（美国）肯·威尔伯（1949—），中国人民大学出版社2006年，许金声等译。

本书作者被誉为美国最畅销的学术类著作作家。是后人本心理学最重要的思想家，本书堪称后人本心理学的代表作之一。本书气魄宏大，内容丰富，观点既融合了东西方在该领域该学科中研究的精华，又贯穿了作者独特的个性和不凡见解。本书采用对话体的形式娓娓道来，对我们人生的重大问题，对我们面临的困惑和不安给予了富有创见的解释。这些问题包括男女地位和角色的变化，环境的持续破坏、差异性和多元化、受压抑的记忆以及互联网在信息时代的地位等等。肯·威尔伯是独树一帜的。在新近出现的美国独有的智慧中，他的思想毫无疑问是其中最令人信服、最具有穿透力者之一。我没有见过任何人比他更详细和系统地描述过人类的发展以及意识的进化。从整体上看，本书内容精练而且紧凑。

题为《万物简史》，十分宏大，令人难以置信。然而，它恰恰陈述了它所承载的内容，它有着宽广的历史跨度，从创世大爆炸直到枯竭的后现代的今天。沿着这条道路，肯·威尔伯采用一种简单的、让人容易接受的对话体娓娓道来，试图弄清楚人类在物质上、感情上、智力上、道德上、灵性上经常被困扰的一些矛盾的形式。

9 《科学史》

（英国）W.C.丹皮尔，广西师范大学出版社，李珩译，张今校。

《科学史》在国际上是一门相对较新的学科，在我国，这个学科地位还不太高，不太为人所知。但是在推进素质教育和通识教育方面，科学史能起到非常巨大的作用。科学史科的创始人乔治·萨顿说得好，科学史是自然科学与人文学科之间的桥梁，它能够帮助学生获得自然科学的整体形象、人性的形象，从而全面地理解科学、理解科学与人文的关系。

10 《中国科学技术史》（全26册）

卢嘉锡，科学出版社2016年出版。

"《中国科学技术史》编纂工作历时16年，但其孕育的时间远不止16年，可以说，这部书汇聚了中国几代科技史工作者的心血，也见证了新中国科技史学科的创立和发展，这个过程是值

得大书特书的。"这是一项全面系统的、结构合理的重大学术工程，也是一项基础性的文化建设工程，可以弥补中国文化史研究的不足，具有重要的现实意义。这部皇皇巨著将有助于我们理性地认识中国科学技术的兴盛与衰落、成功与失败、精华与糟粕，引以为鉴，温故知新，既不陶醉于古代的辉煌，又不沉沦于近代的落伍，清醒地、满怀热情地推进我国的科技事业。

11 《科学与人类行为》

（美国）B. F. 斯金纳，华夏出版社1989年出版，谭力海等译。

在西方学术界，斯金纳被盛誉为继弗洛伊德之后的杰出的心理学家。《科学与人类行为》（1953）着重探讨了人类行为的一些重要方面，如思维、自我和社会化等。他主张人是肉身的机器，其活动和机器一样是受自然法则支配的。

全书充分体现了斯金纳行为主义心理学学术思想。该书向传统心理学对人类行为的理解提出异议，反对从有机体的内部寻找行为的原因，肯定遗传素质作用的同时，尤其强调重视后天环境条件对有机体行为的塑造。

12 《所罗门王的指环：与鸟兽鱼虫的亲密对话》

（奥地利）康拉德·劳伦兹，中国和平出版社1998年出版，游复熙、季光容译。

劳伦兹是动物行为研究的先驱，1973年诺贝尔生理医学奖得主。这本书是他的第一本通俗科学著作，脍炙人口，风行全球已近半个世纪，是一部老少咸宜的动物行为经典。为什么书名叫《所罗门王的指环》呢？劳伦兹说明："根据史料记载，所罗门王能够和鸟兽虫鱼交谈。这事我也会，虽然我比不上所罗门王，能够和所有的动物交谈，而只能和几种我特别熟悉的动物交谈。这点我承认，但是我可不需要魔戒的帮助，这点他就不如我啦！要不是靠魔戒的力量，就算是最亲密的宠物，老国王也听不懂它在说些什么。而且，当他不再拥有魔戒时，他甚至会硬着心肠对待动物。所罗门王是在盛怒中将魔戒抛得老远的，那是因为有一只夜莺向他泄密：他那九百九十九位爱妃之中，有一位爱上了年轻的小伙子……所罗门王可能是极聪明，也可能极笨，这点我不敢说。照我看来，需要用到魔戒才能和动物交谈，未免太逊色了一点。活泼泼的生命完全无须借助魔法，便能对我们述说至美至真的故事。大自然的真实面貌，比起诗人所能描摹的境界，更要美上千百倍。"

13 《别闹了，费曼先生：科学顽童的故事》

（美国）R 费曼，三联书店出版社1997出版，吴程远译。

理查德·费曼于1918年出生，1939年于麻省理工学院毕业后，进入普林斯顿大学研究院，又加入罗拉拉摩斯实验室，对原子弹的发展贡献卓著。1956年与薛温格和朝永振一郎共获诺贝尔物理奖。1988年2月困患癌症辞世。费曼的思想如天马行空，喜自辟蹊径，且从不固执，求知欲极强。他很爱恶作剧，但往往只为点出世间许多荒谬之处。确如《洛杉矶时报》所说的，"任何读这本书而不大笑出声的人，心理一定有毛病"。

《别闹了，费曼先生：科学顽童的故事》是科学人文丛书的一种，故事很有趣，读来当消遣，自然是再好不过了。非常有趣的书。有趣得一塌糊涂。费曼一生幽默机智、几近顽童的行止，与其在理论物理方面的成就齐名。全书没有难懂的科学知识，在一件件新鲜事背后，隐然透露着人性最接近自然的本质。或许从中不仅仅看到的是他的聪明，我们更能从他的生活态度中学习一种科学的精神。

14 《时间简史》

（英国）史蒂芬·霍金，湖南科学技术出版社，许明贤、吴忠超译。

在这部书中，霍金带领读者遨游外层空间奇异领域，对遥远星系、黑洞、夸克、"带味"粒子和"自旋"粒子、反物质、"时间箭头"等进行了深入浅出的介绍，并对宇宙是什么样的、空间和时间以及相对论等古老问题做了阐述，使读者初步了解狭义相对论，以及时间、宇宙的起源等宇宙学的奥妙。

15 《过去2000年最伟大的发明》

（美国）约翰·布罗克曼，上海科学技术出版社2002年出版，袁丽琴译。

过去2000年最伟大的发明是什么？为什么？著名图书策划人约翰·布罗克曼在网上提出了这一问题，引来当今世上最杰出的科学精英和充满想象力的智者踊跃作答。布罗克曼挑出一百份来集结成书，实在是既省力又讨好的聪明办法。编者把回答分为两类，一类是有形物体和技术的发明，一类是思潮的激荡和变迁。有人认为印刷术的发明对人类文明发展的影响最大、最长久，有人引申到电脑和网络，有人却把音乐选为最伟大的发明，因为音乐能为人类的愉快做最大贡献。在精神方面，很多人提民主、和

平等观念的发明最重要，还有人把自由意志、营销、科学方法和对超自然力的否定等思想选为最伟大的发明。全书广征博引，结合科学与人文，读来有一种大开眼界之感。

16《新卖桔者言》

张五常，中信出版社。

《新卖桔者言》集结了张五常60余篇从观察现象开始、然后引进理论或假说作解释的文章，秉承了《卖桔者言》的风格，用简单的经济理论与概念来解释表面复杂无比的世界。作者以独到的视角和精辟的语言，讨论了国际贸易、农民、土地使用等问题，以及打假货、炒黄牛等日常现象。文章通俗易懂，生动实用，是对实用经济学的一种完美呈现。

17《卓有成效的管理者》

（美国）德鲁克，机械工业出版社。

这本书是德鲁克最著名的管理学著作之一，论述了一个管理者如何做到卓有成效。

卓有成效是管理者必须做到的事，但是在所有的知识组织中，每一位知识工作者其实都是管理者——即使他没有所谓的职权，只要他能为组织做出突出的贡献。

管理者的成效往往是决定组织工作成效的最关键因素；并不是只有高级管理人员才是管理者，所有负责行动和决策而又有助于提高机构工作效能的人，都应该像管理者一样工作和思考。

18《后工业社会的来临》

（美国）丹尼尔·贝尔，高铦等译，新华出版社。

丹尼尔·贝尔堪称20世纪西方的一位伟大的思想家，其学术影响力已经远远超出了社会学的领域。他对宏观社会走向的把握有独到之处，其最有影响力的研究领域是宏观社会或称整个人类世界的层面。《后工业社会的来临》虽然在1973年看来还是一本预测未来的著作，但是事实上从今天看来，他的预测已经基本成为现实。该书开启了一种看待人类社会的全新视角。

该书最突出的特点之一是其方法论，即"中轴原理"。该原理认为在某一历史时期内，特定的中轴原理成为其他大多数社会关系的决定性因素。中轴原理和中轴结构的分析，成为一种把繁杂多变的宏观历史的可能前景进行条理化的方法。该方法在实践上把社会结构变化的实质特点认定为来自经济的变化性质，以及理论知识确定社会革新的变化方向的决定性作用，是对未来的探索。社会结构是一种概念图式，而概念图式的基础就是中轴原理，并具有一个中轴结构。中轴原理和中轴结构的思想力图说明的不是因果关系，而是趋中性。在寻找社会如何结合在一起这个问题的答案时，它设法在概念性图式的范围内说明其他结构环绕在周围的那种组织结构，或者是在一切逻辑中作为首要逻辑的动能原理。概念性图式和中轴原理之所以有价值，是它允许人们用多方面的立足点来设法了解社会变化，但它并不摒弃在特定计划内理解关键结构或中轴原理的"首要逻辑"的价值，以中轴原理为基础可以突出相同点和不同点。

19 《小的是美好的》

（英国）E.F.舒马赫，商务印书馆1984年版，虞鸿钧、郑关林译。

这是一本出版30多年之后还有人在不断地读，并从中获得启示的书，代表了经济学家的逆向思考：如何生活才是值得的与快乐的。20年前，汉译本初版时，国人对其论述的感受还没有像今天这样深刻。在舒马赫眼中，西方世界引以为傲的经济结构，不外乎个人追求利润及进步，从而使人日益专业化，使机构成为庞然大物，带来经济的无效率、环境的污染、非人性的工作环境。他所提倡的中间技术等基础观念，为经济学带来全新的思考方向。他认为，战后发展中国家通过工业化道路发展经济失败了。新的发展道路应该以三个问题为中心：一是以人为中心，把人作为创造财富的最重要来源，解决失业问题，以使所有人摆脱贫困为中心；二是把发展作为循序渐进的过程，作为一种进化，从教育、组织、纪律等非物质问题入手；三是把发展重点放在农村，避免工业破坏农业、农业又报复工业的"相互毒化"。实现这样的发展要克服对大规模的迷信，强调小规模的优越性，这正是"小的是美好的"的含义。

20 《追求卓越》

（美国）彼得斯、沃特曼，中信出版社，胡玮珊译。

《追求卓越》的作者是美国的汤姆·彼得斯和罗伯特·沃特曼。汤姆·彼得斯曾获康奈尔大学土木工程学学士及硕士学位、斯坦福大学企业管理硕士和商学博士学位，任教于斯坦福大学企

业管理学院。他曾任麦肯锡等公司顾问，并长期为《华尔街日报》撰稿。罗伯特·沃特曼获斯坦福大学企业管理硕士学位，曾在麦肯锡公司任职二十多年，发表了许多有关企业管理方面的文章，并被斯坦福大学企业管理学院聘为兼职教授。

《追求卓越》开启了商业管理书籍的第一次革命。自1982年出版以来，被译成近20余种文字风靡全球，仅在美国就销售了600万册，全球发行量高达900万册！该著作创造了"彼得斯时代"，是有史以来最畅销的管理类书籍，许多跨国大企业视彼得斯的著作为发展创新的经典。

21《第五项修炼》

（美国）彼得·圣吉，中信出版社，张成林译。

这本由当代最杰出的新管理大师彼得·圣吉撰写的著作，被誉为21世纪的管理圣经、20世纪屈指可数的几本管理经典、世界上影响最深远的管理书籍之一，并被《哈佛商业评论》评为过去75年最具影响力的管理类图书，还荣获世界企业学会最高荣誉的开拓者奖！

《第五项修炼》描述了公司如何通过采用学习型组织的战略和行动对策，来排除威胁组织效率和事业成功的"学习障碍"。在学习型组织中，新型的、扩展性的思考模式得到培育，集体的热望得到释放，大家不断在学习如何开创自己真心向往的成就。

这本工商管理经典著作的增订扩充新版，包含了100多页新增内容，这些新内容是基于对几十家公司的实践者的访谈，包括：BP、联合利华、英特尔、福特、惠普和沙特阿拉伯阿美石油公司，还包括其他类型的组织，如：波士顿社区组织罗卡、牛津乐施会和世界银行。新增内容里有一篇特别的新序言，描述了圣吉自原版书出版以来在学习型组织研究方面的成果，还增加了关于"推动力""战略与策略""领导的新工作""系统的公民"和"未来的前沿"等新章节。

这本书被经典商业教育誉为影响最深远的管理书籍之一、世界企业学会（World Business Academy）最高荣誉的开拓者奖，被《哈佛商业评论》评为近百年最具影响力的管理类图书。

22《人口原理》

（英国）马尔萨斯（1766—1834），商务印书馆1961年版，子箕等译。

人类社会的发展受思想的引导，但真正的思想往往被忽视。

在世界人口逼近60亿，人口的大爆炸成为20世纪最令人担忧的问题之一的今天，重读18世纪末期英国经济学家马尔萨斯的名著《人口原理》，令人感慨。

本书最有影响的观点是：如不遇到阻碍，人口按几何级数增长（1，2，4，8，16，32，64……），而生活资料即使在最有利的生产条件下，也只能按算术级数增长（1，2，3，4，5，6，7……），所以人口增长的速度大大超过生活资料增长的速度。独身生活、繁重劳动、极端贫困、饥荒、瘟疫和战争是抑制人口盲目增长，并使人口与生活资料相适应的重要手段。

著名经济学家凯恩斯对马尔萨斯的评价也许是公正的："在从18世纪至今的人类科学史上，马尔萨斯是与约翰·洛克、大卫·休谟、亚当·斯密、查尔斯·达尔文的名字紧紧地连在一起，他属于伟人的行列。他的《人口原理》在人类思想发展史上占据着举足轻重的位置。"

23 《就业、利息和货币通论》

（英国）凯恩斯（1883—1946），商务印书馆1983年版，徐毓枏译。

熊彼特认为："在一部经济分析史中，从现代宏观经济学的观点出发，我们必须把 J. M. 凯恩斯的《就业、利息和货币通论》（1936年）视作我们时代最伟大的学术成就。"

说凯恩斯是当代最有影响的经济学家也许并不过分。他的《通论》的出版被称为"凯恩斯革命"，其学说在当代西方经济学中居于正统地位，并对第二次世界大战后西方各国经济政策发生重要和深远的影响。

《通论》分为引论、定义与观念、消费倾向、投资引诱、工资与物价理论、危机理论6篇24章。凯恩斯批判了传统的"萨伊定律"，即"供给创造自己需求"的思想，认为20年代末30年代初资本主义经济危机的主要原因是有效需求不足，因而引起萧条和失业。为什么会发生有效需求不足呢？凯恩斯把这归因于"心理上的消费倾向，心理上的灵活偏好，以及心理上对资产未来收益之预期""三个基本心理因素"的作用。凯恩斯反对古典经济学自由放任主义的经济政策，强调国家干预经济，建议主要依靠政府的财政措施来刺激消费和增加投资，提高总需求水平，开创了政府干预经济的新阶段。

《通论》被西方经济学家同亚当·斯密的《国富论》和马克思的《资本论》并列为经济学史上的三本同样伟大的著作。

24《科学管理原理》

（美国）弗·温·泰罗（1856—1915），中国社会科学出版社1989年版，胡隆昶译。

弗·温·泰罗是管理学史上最重要的人物之一，被称为"科学管理之父"。他的《科学管理原理》一书的出版标志着科学管理学的诞生。

全书2章：（1）科学管理的基本原理；（2）科学管理的原则。泰罗的主要论点是：只有劳资双方协作在所有的共同工作中应用科学方法，才能使整个社会得到最大的福利。在长期的科学试验的基础上，他提出了工作定额原理、标准的原理、计件工资制度等具体的原则和方法。

美国学者丹尼尔·A.雷恩认为："科学管理之父弗·温·泰罗和他的同事是对管理思想进行综合整理的第一代人物。在泰罗之前，没有任何人曾像他那样把管理问题发展为如此程度的一种手段方法，并同时把管理同哲学范畴结合在一起。"

25《经济学》

（美国）保罗·萨缪尔森（1915—），中国发展出版社1992年第12版，高鸿业、杜月升等译。

保罗·萨缪尔森，美国当代著名经济学家，新古典综合派的主要代表人物。萨缪尔森提出了"混合经济"的概念，综合了新古典学派马歇尔的理论和凯恩斯的理论，即强调政府的经济作用，强调"垄断和竞争的混合制度"。本书涉及了西方经济学的所有领域，如西方经济理论、财政学、会计学、经济统计、货币银行信用学、经济计量学、发展经济学、国际贸易学等。由于在提高经济理论的科学分析水平方面作出突出的贡献，萨缪尔森于1970年获得诺贝尔经济学奖金。

全书6编43章。第1编"基本经济概念和国民收入"；第2编"国民收入的决定及其波动"；第3编"国民产品的组成和价格决定"；第4编"收入分配：生产要素的价格决定"；第5编"国际贸易和财政"；第6编"当前经济问题"。

本书自1948年第1版问世以来，现已出第14版，发行300余万册，被译成几十个国家的文字，是目前西方最流行的经济学教科书。西方有的经济学家认为，本书是自凯恩斯的《就业利息和货币通论》一书出版以来，经济学史上"当前世界最畅销的""影响最大"的著作。